BEIJINGSHI JICHU JIAOYU
XINXI ZIYUAN
FUWU TIXI
GOUJIAN YANJIU

北京市基础教育信息资源服务体系构建研究

罗 洁 著

教育科学出版社

·北京·

序

　　这部专著凝聚了罗洁同志十几年的心血，凝聚了他对教育、对信息技术、对教育与信息技术融合发展的思考、展望。罗洁同志是推进北京教育现代化、信息技术与北京教育融合的主要倡导者、设计者和实施者，他做了极具创造性，同时又十分艰苦而扎实的辛勤工作，这部专著就是他研究和工作的结晶。我们由衷地祝贺罗洁同志这部专著的出版。

　　罗洁同志力邀我们为本书作序，我们很荣幸，我们见证了这部专著形成的过程，这是北京教育现代化发展的过程，也是信息技术与北京教育融合发展的过程。我们大力推荐这部专著！教育工作者包括教育行政工作者、信息技术（教育技术）工作者都可以读一读这本书，您一定会学到一些有价值的东西，一定会引起您深入的思考。信息技术的迅猛发展是这个时代科学技术发展的标志，也为教育现代化的深入发展奠定了基础。短短几十年，信息技术的发展已经改变了世界的面貌，改变了很多的学科与行业，也改变了我们的生活。对教育的改变是我们最为关注的方面，从CAI技术到信息软件的飞速发展，从计算机技术到网络技术的发展，这些都直接影响了教育的发展，明天的教育会是什么样子？这部专著或许可以帮助您打开思路。

　　信息技术与教育的结合是一个永恒的话题，我们在祝贺这部专著出版的同时，也希望罗洁同志永葆思维的活力，着力今天，构思未来，为中国、北京的教育发展做出更大的贡献。

首都师范大学　　宫辉力　王万良　王尚志

目　　录

第一章 绪 论

一、问题的提出与研究意义

信息化是当今世界发展与推动经济社会变革的重要力量。教育信息化是当今世界各国应对知识经济挑战、实现教育现代化的重要战略选择。当前，加强信息化基础设施建设，推进信息技术的教育教学应用，开拓信息技术教育应用的领域，创设适应不同主体需求的教学环境，促进各种类教育资源整合、共享和建构已成为世界各国推进教育信息化进一步发展的实践方向。我国基础教育信息化建设的发展有以下基本趋势。

1. 基础教育信息化建设正从普及期向整合期变化，将广泛建设的硬件设施、海量的数字化资源、各种有效的信息化教学模式整合和应用到日常教学行为中，推进信息技术的教育教学应用向常规化方向发展。

2. 自 2005 年以来，信息技术与教育的整合已清晰地演化成信息化建设的三类环节，一是高可用性的区域级信息化支撑基础平台、设施、环境，二是有效的校本信息化整体推进体系，三是广大教师及学生群体个体化的信息素养的提升。伴随着信息化进程的加深，前两类环节的作用正日益凸显。

3. 从信息技术和教育系统耦合的整体要素来看，支持教师的有效教学和促进教师的专业发展正成为深化信息技术有效应用的重要突破点，而打造在线互动的学习环境、促进学生的自主学习与自我发展正成为信息技术教育应用的新路标。

4. 信息化建设推进模式正在发生显著的变化，更加强调顶层设计和整体规划。

在当前我国教育信息化事业发展与基础设施建设初具规模的情况下，研究者们开始关注教育信息资源的建设。教育信息化是硬件与软件的协同建设，二者相辅相成，只有现代化硬件设施建设而缺少信息资源等软件支持，便不能完全发挥信息化对教育强大的支持作用。

教育信息资源是指经过数字化处理，而且可以在计算机上运行的多媒体信息材料。简单地说，可作教育和学习之用的信息资源统称为教育信息资源。所谓基础教育信息资源，是指有助于开展基础教育或为基础教育中各类人群教育、学习和管理提供服务的各种经过数字化处理的材料。

虽然教育信息化与教育信息资源建设已经取得了丰硕的成果，但也存在着许多不足的地方，主要表现为以下几个方面。

1. 低水平以及重复建设问题。在现有的网络教育信息资源中，很多内容重复，而且相当一部分资源质量不高，满足课程改革要求与网络环境特点的优质教育信息资源严重匮乏。究其原因是资源建设过程缺乏现代教育技术理论的指导，教学与激励机制设计不科学。

2. 共享问题。地方教育信息资源由各单位自行独立设计与开发，共享方式单一，学科与学科之间不兼容，缺乏统一的规范标准，教育信息资源市场不规范，平台的实用性不高，资源共享性差。

3. 信息超载与迷航问题。网络上的教育信息资源数据庞大，越来越多的资源以图片、动画、音频、视频等多媒体形式来表现，检索结果不精确，垃圾信息的干扰，都使得用户很难找到自己需求的信息。

4. 更新与可扩展性问题。大多数教学单位都是购买企业的资源平台，这种产品一般都是通用系统，定制性不高，与教学实际需求有一定差距，不能根据课程内容来更新资源库，软件公司的更新与维护服务跟不上教学进度，使得很多资源处于闲置状态。

总的来说，基础教育信息资源的重复建设现象比较突出，资源建设缺乏标准，教育信息资源分散，没有充分实现共享。因此，教育信息资源共建共享研究是十分必要而有意义的。

以信息化为基础的教育现代化既是北京市基础教育面临的机遇，也是其发展的根本要求。通过近十年的发展，北京市中小学信息化在基础设施建设、信息资源建设、运用信息技术提高教育教学质量和管理水平、普及信息技术教育等方面都取得了长足进步，极大地改善了中小学办学条件，有效地促进了优质教育资源共享，有力地推进了北京市基础教育均衡发展，提高了广大师生的信息素养，北京市基础教育信息化建设正在由规模普及期向整合应用期迈进。

与此同时，随着教育改革不断深化，教育现代化不断发展，基础教育相关各方对于资源建设、应用与服务提出越来越强烈的需求，北京市基础教育在有效的教育信息资源方面仍然存在着短缺、应用单一且呆板、服务滞后等问题。具体来说，北京市基础教育信息资源服务体系建设的问题主要集中在以下两个方面。

1. 信息缺乏有效共享。各个应用系统虽然面向的对象基本相同，但因为缺乏全局的系统规划，各应用系统在不同时间由不同人群开发完成，分别建有各自的用户管理与认证方式。各系统之间彼此独立，信息无法共享，形成了网络环境下的信息孤岛，使得管理效率低下。

2. 应用缺乏有效集成。应用系统可能采用不同平台开发，缺乏统一接口，用户进入不同系统需要不同的密码，系统之间无法直接访问。

在知识经济时代，知识管理已成为各方面关注的热点，这是一种全新的管理模式，更加注重问题的解决方案，其出发点是将知识视为重要的战略资源。知识管理通过对信息资源的整合，将各种载体、各种来源的信息资源，依据一定的需要，进行评价、类聚、排序、建库等加工，重新组合成一个效能更高的信息资源体系，使得人们能够通过统一的检索平台查找和浏览相关的信息资源，更有效地利用信息资源。

以本体为代表的基于语义的异构信息集成方法，正成为当前相关研究领域的热点和难点。本体论在信息技术中的应用主要是为了解决数据异构的问题。信息集成是对各种异构信息源提供统一的表示、存储和管理，屏蔽各种异构资源间的差异。

个性化信息检索技术是指能为具有不同信息需求的用户提供个性化检索结果的技术，即对不同用户提交的同一查询词语按照不同的用户需求而生成不同的检索结果。个性化信息检索主要通过允许信息用户的个性化定制和利用数据挖掘技术对信息用户的检索行为进行分析，挖掘出信息用户的检索需求，利用推送技术主动向用户推送所需要的信息资源等方法，向用户满意的信息源提问，索取特定类型的信息，提高查准率。

21 世纪以来，云计算概念的提出为教育信息化建设提供了新的研究方向。云计算是分布式处理、并行处理与网格计算的商业实现，将数据存储与计算任务分布在大量的非本地计算机上，用户可以根据需求定制所需的计算与存储资源。

综上所述，规模化、区域化是信息化发展的必然要求；资源建设区域化是突破各种现存制度、技术壁垒，实现资源共建共享的必要条件；资源建设区域化是实现统一规范管理、建立稳定制度、培育成熟市场的基础；资源建设区域化是防止源自小集体利益的短视举措、建设可持续资源的必要条件；资源建设区域化是建立开发性资源建设环境、在更大范围内实现共享与合作的基础；资源建设区域化是缩小资源分布地区性差异、改变地区性发展不平衡的必要条件。本书旨在进行以知识管理和本体理论为资源组织手段，个性化信息资源搜索技术和云计算技术为信息资源的检索和提供方式，虚拟专用网络与信息安全手段为保障的基础教育信息资源共享方法研究与实证分析。

如前所述，北京在基础设施、教育管理、海量资源会聚与服务、教师研修支撑、学生学习与发展、新课程实施与管理、教育质量监控与评价等方面在市级层面都开展了扎实的工作，相关工作成果已经深入区（县）和广大中小学校。这些工作及其形成的基础，为全市基础教育信息化建设的发展奠定了很好的基础，同时更重要的是推进了全市范围内教师、学生信息化素养与能力的提升。当前，我们应进一步推进北京基础教育信息化建设的发展，更加有效地应用现有教育信息化建设成果，使现有信息化建设的成果更加有效地在教育教学、管理、教研等基础教育关键业务中发挥作用。同时，我们要在现有工作基础上，开展大规模、深层次的资源、系统及跨越组织边界的整合和服务，并在总体发展追求上向为学生的学习服务、为学生的个性发展与成长服务转变，为学生提供融于课堂内外的信息化支撑环境，培养学生在线学习、自主学习、协作学习的能力。

云计算为聚合海量教育资源，开展教育、教研、教学在线服务，促进各业务系统功能的整合与协作提供了充分的可能，因此，打造北京基础教育服务体系（基础教育云）已成为推进北京基础教育信息化建设进一步发展、探索新型教育信息化建设与推进模式的新机遇，通过北京基础教育云平台的建设，为教师教学、学生学习的全程化活动提供一体化的、便捷的应用空间。

本书从理论上，争取在基础教育共享信息资源的高效组织、快速检索和应用方法上取得突破性进展，完善共享信息管理理论与方法；从实践上，力图促进北京市基础教育信息资源服务体系的形成。

二、国内外研究现状

本书以北京市基础教育信息资源服务体系构建为主题，从"信息服务体系""教育信息资源服务""基础教育信息资源服务"三个方面对已有文献进行梳理。

1. 信息服务体系的相关研究。

信息服务体系研究是伴随着信息技术和互联网技术的不断发展逐渐兴起的。从研究主题来讲，信息服务体系研究涉及林业信息服务体系、农业信息服务体系、教育信息服务体系、图书馆信息服务体系、就业信息服务等多个领域。本书以中国知网为平台，以不同类型的信息资源服务体系为主题进行检索，目前研究成果分布情况如图1－1所示。

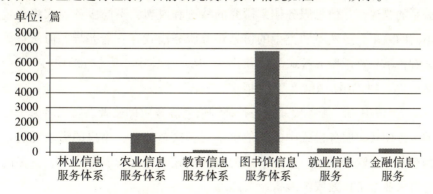

图1－1　信息服务体系不同研究主题相关研究成果的分布情况

根据上图可知，以"林业信息服务体系"为主题的文献为 723 篇，以"农业信息服务体系"为主题的文献为 1295 篇，以"教育信息服务体系"为主题的文献为 178 篇，以"图书馆信息服务体系"为主题的文献为 6804，以"就业信息服务"为主题的文献为 269 篇，以"金融信息服务"为主题的文献为 310 篇。以上几个主题为当前研究的重点，对于其他类型信息资源服务体系的研究涉及较少，本书不再一一列出。由此可见，教育信息资源作为信息资源中的重要组成部分，已有文献的关注度与其地位并不匹配，这也从侧面反映了本研究的价值所在。

从内容来讲，一个完整的信息服务体系包括信息服务的主体、客体、信息服务平台、信息服务模式、信息服务内容、信息服务系统等关键要素，已有文献也是围绕着这些关键要素展开的，其中平台的建设和服务模式是已有研究的重点。

信息服务平台构建涉及信息采集、信息处理、信息发布以及信息发布质量测评等一系列关键技术，这些关键技术是学者们关注的焦点。例如，林业信息服务平台开发常用关键技术有：ASP 技术、OpenGIS 技术、SOA 技术、云计算、基于 Flex 的 Web GIS 技术以及 Web 挖掘的林业个性化信息服务技术等；图书馆信息服务平台开发常用关键技术有：ASP 技术、SOA 技术、智能信息推拉（IIPP）技术、ADL 技术等。总的来说，不同类型信息资源服务平台的搭建用到的关键技术也不尽相同，但有些技术也广泛应用于不同类型平台的搭建中。

信息服务模式是对信息服务活动的组成要素及这些要素之间的相互关系的描述，是信息服务体系研究的核心和灵魂，不同服务模式将产生不同的效果。虽然不同类型的信息资源服务模式存在着差异，但从整体来看，信息资源服务模式都经历了一个从"主体中心""资源中心""产品中心"到"用户中心"的发展演变过程。

"主体中心"服务模式是一种强调信息服务主体或者以发出者为中心的服务模式，服务模式中的其他要素处于次要地位，用户的需求无法得到充分的反映和满足。这一阶段的服务模式很少考虑服务效果，更多的是追求业务工作效率的提高。

随着信息爆炸式的增长，大量数字信息开始替代文本信息，与之相应，信息服务模式也演变为"资源中心"服务模式。这种服务模式并不考虑用户的需求，只是简单向用户提供一种数字化的信息资源。由于这种模式缺少加工与挖掘的深度，很多信息资源对用户来讲并没有太大的价值。

随着用户在信息服务体系中作用的日益凸显，前期的服务模式明显不能适应现实发展的需要，于是一种基于数字化信息资源的"产品中心"信息服务模式产生了。在这种服务模式中，服务活动的中心不再是原材料"信息资源"传递，而是根据客户需求进行简单的加工和生产，将加工后的信息传递给用户。

"用户中心"服务模式不再以文本数字化和具体数字资源库建设为核心，而主要是面向分布式和异构化数字信息资源，通过服务集成构造统一的信息服务系统向用户提供服务产品。这种模式基于用户的信息需求并从用户信息需求出发，以满足与解决用户关心的问题为目标，是目前信息资源服务的主流模式。

信息服务模式受到新技术的影响，尤其是在当前科技不断更新的环境下，不少学者积极探索新技术下如何进行信息服务模式的有效拓展。例如，张世怡（2012）对基于 SNS 的图书馆信息资源服务模式进行研究，指出图书馆应该抓住 Web 2.0 技术广泛应用的机遇，丰富和拓展自身的服务内容，针对微博、微信、人人网等社会性网络和工具分别开设不同的交流平台。王雅戈（2007）针对网络信息资源服务模式下搜索引擎检索效率不高的问题，提出通过构建基于分布式多学科集成的主题网关，实现资源共享，提高资源质量和网络信息资源服务效率。高旭东（2012）提出了一种基于云技术的个性化服务模式，在云环境下信息用户的个性化需求可以通过集成化共享式的云服务平台来实现，并且可以享受三网结合式的新型服务，最后利用智能化用户界面推荐技术来满足不同群体用户的个性化需求。孙久舒（2011）在对政府网站信息服务情况大规模调研的基础上，指出目前政府公共信息资源服务体系存在三方面的问题，分别是检索算法较简单、政务公开信息服务内容欠缺、公众参与信息服务水平较低。在此基础上，他提出了一种基于内容关联的政府网站信息服务模式，这种模式的核心是基于网站后台信息自动关联技术，对用户在政府网站上的点击行为进行搜集、保存、相关性以及聚类分析，获取用户信息需求偏好。

2. 教育信息资源服务的相关研究。

教育信息资源是一类特殊的信息资源，具有明显的区域差异性和不均衡性，因此学者们除了按照信息资源服务体系传统范式展开研究以外，还非常关注具体区域的教育信息资源服务体系的针对性研究。具体来讲，这些研究涉及以下几个主题，"基于教育信息资源特点的服务平台的开发""区域教育信息资源的共享问题""区域教育信息资源的配置问题""教育信息资源服务的新趋势"。

基于教育信息资源特点的服务平台的开发。王康（2012）提出要尝试和探索基于 WAP 技术的移动教育教学服务模式，进一步丰富我国教育信息资源服务平台的类型，如教育微博、教育微信等移动教育的应用，其灵活、高效、个性化的特点，易于新一代青年学生接受。苏治中（2012）将云计算技术应用到开放式教育信息服务平台中，其优势在于可以高效整合已有的教学资源，解决原来由于技术限制无法开展的模拟化教育难题，提升开放式教育实际效果。郑美芳（2009）采用 Web GIS 技术设计教育信息服务平台，该平台可以使浏览者快速准确地对教育机构及其周边地物环境进行定位。

区域教育信息资源的共享问题。陈明选（2010）概括了目前区域教育信息资源共享中存在问题：第一，学校内的共享已经建立，学校间缺乏共享渠道，形成信息孤岛；第二，共享关系中主体作用缺失；第三，资源评价机制系统性和科学性不足，需要改进；第四，政府主导作用欠缺。关鸿（2011）以开放源代码的内容管理系统 ZoPe/Plone 为基础，采用 Plone 脚本开发技术和 Archetyes 技术对该平台进行二次开发，设计和构建了区域教育信息资源共享平台，该平台采用 APache + zoPe + Plone + MySQL 的组合形式，应用于天祝民族师范学校，取得良好的效果。李艳（2009）基于资源共建共享共同体，把实施策略分为四个层面：开展信息化应用环境建设、开展资源的个性化服务、开展信息资源整合研修活动、成效反馈与水平共享。

区域教育信息资源的配置问题。教育信息资源建设与应用存在区域差异性，因此很多学者非常关注资源配置问题。胡小勇（2010）通过对广州多个地区案例的比较研究指出，建设和推广数字化教育信息资源成为促进区域资源均衡发展的重要手段，而这个过程的实现一方面要遵循统一的技术标准建立优质的资源库，另一方面要拓展与社会力量的沟通合作。杨文正（2013）从系统动力学的视角来探索优质区域教育资源的配置问题，提出提高资源利用率的一系列措施：协调市场和政府两种信息资源配置方式，搭建资源生产者与消费者之间的信息反馈平台，构建良好的用户交流和信息化环境等。彭红光（2011）利用云计算在信息处理成本、数据存储和高性能的应用服务能力等方面的优势，提高教育资源配置效率，提出基于 IaaS 构建信息化硬件设备云共享平台，基于 PaaS 和 SaaS 建设教育软件资源与应用共享平台，建立区域教育云服务运营和教学资源共建共享体系。

教育信息资源服务的新趋势。胡铁生（2011）提出在新的发展时期建设"微课"资源，有效提升区域教育信息资源利用率，并通过佛山市"微课"资源库展播交流平台的案例，验证开发微课资源的可行性和有效性。张旭华（2013）探索了 Web 2.0 技术视域下教育信息资源传播创新模式，教师将学习要求、学习任务等发布到 Blog、Wiki 平台上，通过教育者和受教育者的双向交互和反馈来完成信息资源的传播。李凤华（2009）对学习型社会背景下教育信息服务体系构建应该具有的特点进行了探析。他认为未来教育信息资源具有全方位、多层次、易解读、快速定位四方面的特征。

3. 基础教育信息资源服务。

基础教育信息资源属于教育信息资源的细分领域，目前对于基础教育信息资源服务体系的研究主题和内容与教育信息资源服务体系相差不大，但成果数量相对较少，主要集中在以下几个方面。

第一，基础教育信息资源服务的内容。相关研究主要是围绕服务内容中存在的问题来展开的。目前基础教育信息资源两极分化状况比较明显，一方面基础教育信息资源泛滥成灾，比比皆是；另一方面高质量的基础教育信息资源极度缺乏，特别是与教材相匹配、能有效支持基础教育常规教学的资源更是稀缺。

第二，国内外基础教育信息资源服务的比较。俗话说："他山之石，可以攻玉"，很多学者比较和分析了我国和发达国家基础教育信息资源服务体系之间的差异。本书从主体构成、内容组织、服务策略、服务保障等几个方面对这些差异进行了概括总结，如表1-1所示。

表1-1　我国和发达国家基础教育信息资源服务体系之间的差异

比较的维度	中　国	发达国家（美国、英国等）
服务主体	• 各级教育主管部门和学校 • 结构较为单一	• 各种非教育类机构 • 多元化特征明显
服务内容及内容组织	• 以各种教育资源库产品为主 • 以学科教学为中心简单堆砌	• 按主题的方式组织 • 组织形式较活泼，注重与学习过程的融合
服务策略	• 注重产品一次性投入建设，更新速度缓慢	• 注重为社会不同领域提供嵌入式服务；在服务更新模式上，注重对资源的及时更新，以保证资源整体的时效性
服务保障	• 一般由国家或地方教育主管部门全程参与 • 不重视信息服务提供后的推广保障	• 政府宏观调控，强调构建资源发展的良好环境 • 十分重视对服务的宣传和推广工作

第三，基础教育信息资源配置。基础教育信息资源配置相关研究涉及两方面的内容：一是配置的内容和作用等基本问题；二是配置体系的运行机制。

首先，对于资源配置的基础问题，学者们已经形成了相对一致的看法，认为配置问题产生于基础教育信息资源的稀缺和不同主体利益与目标的差异，配置资源的内容包括基础教育文本信息资源和基础教育数字信息资源，配置的目标是最大限度地满足用户的需求和最大限度地发挥其效用。

其次，基础教育信息资源配置是一项系统工程，需要各主体合理分工与协作，同时也依赖于科学的资源配置运行机制，具体包括管理机制、整合机制、投资机制、激励机制等多个方面。范坤（2012）认为：基础教育信息资源具有公共物品和准公共物品的双重属性，因此管理机制的建立应该与这两种类型相匹配，不能一味地强调无偿的公益性服务，而应该积极引入公益和非公益并行的"双轨"管理制。曹树青（2013）指出：丰富的基础教育信息资源，需要稳定的资金来源，国家投入处于主导地位，可以保证大部分资源免费让用户使用，但是难以促进优质基础教育信息资源的合理流动与共享。因此，在国家加大基础教育信息资源投入的同时，应广泛吸引社会资本投入，按照投资的额度来分享收益，调动各类要素的积极性。周嗣（2007）针对整合机制进行了专门研究，指出该机制是破解基础教育信息资源配置中"资源不足和闲置共存"这一重要问题的关键，它的实现需要进一步强化基础教育信息拥有机构信息的共享观念，加大开放程度，加快一些共享共建平台的构建。彭红光（2011）认为，基础教育信息资源配置体系的正常运行，离不开大量基础教育信息资源的更新与增加。因此，应该设立激励机制，鼓励基础教育信息资源提供者将优质资源提供给资源库，例如，行政主管部门采用物质与精神奖励相结合的方式，给予资源的提供者一定的开发经费、报酬，颁发证书，或者是在职称评聘时计入工作量等。

第四，基础教育信息资源服务的共享模式。基础教育信息资源服务共享模式研究涉及三方面的内容：一是共享模式的作用和意义；二是共享模式的运行机制；三是共享模式实现的技术支持。对于第一个研究主题，目前学者们普遍认为，传统"校校建信息资源库"的教育信息资源建设模式已经不能适应信息时代基础教育信息资源建设的需要，构建"区域共建共享互换"教育信息资源建设新模式才能更好地适应当前环境以及服务对象的需要。此外，这种模式也是实现基础教育信息资源公共服务均等化的重要途径。对于基础教育信息资源"区域共建共享互换"模式的运行机制，专家学者也给出了一些建议，比如：通过动态调控教育信息资源建设经费和教育信息化环境建设经费比例，提升基础教育信息资源配置效益；依据用户反馈决定教育信息资源购买支付费率，提升基础教育信息资源建设质量；将用户使用教育信息资源的积分作为拨付学校信息化环境建设经费的重要依据，提高基础教育信息资源使用率。

对于共享模式的技术支持，陈学军（2013）提出了基于云计算的义务教育学科课程资源共建共享模式，它可以充分发挥云计算能力巨大、虚拟化、可靠性强等优势，进一步实现教育信息资源建设的经济性、共享性、合作性和生成性。

三、研究目的和方法、技术路线、内容、特色与创新点

（一）研究目的和研究方法

本书以基础教育信息资源为研究对象，结合知识管理、本体论等信息资源的组织方法，将个性化检索与云计算技术结合，将其作为数据处理和数据提供的框架，从共享信息资源的易用性与安全性原则出发，提高基础教育信息资源服务水平。本书通过实践研究，试图建立北京市基础教育信息资源服务体系。具体目标如下。

1. 通过分析基础教育信息资源的特点及知识管理的关键实现过程和方法，建立基于知识基元分类模型的基础教育信息资源知识体系。

2. 在基于知识基元分类模型的基础教育信息资源知识体系基础上，建立基于本体理论的基础教育信息资源组织和表达模型。

3. 根据基础教育信息资源的海量特性与组织方法，构建基于时空属性信息过滤与抽取技术和大规模文件索引技术的基础教育信息资源检索方法，实现海量信息的高效检索与用户呈现。

4. 根据基础教育信息资源地域分布分散、逻辑关系紧密相关的特性，提出一套基于云计算的体系结构布局和网络体系布局方案，实现用户对信息的透明访问和便捷应用。

5. 以北京市基础教育信息资源服务体系为实证案例，研究基础教育信息资源共享与管理平台的体系结构、平台特点及构建方法，提高北京市基础教育信息资源服务水平。

6. 通过分析基础教育信息资源服务体系中信息安全保障的必要性和可行性，提出服务体系的信息资源安全防护体系的层次结构，分析各层

次中信息安全的需求，通过评估现有的信息安全手段，形成与信息资源服务体系层次化安全需求相适应的安全保障方法。

本书综合运用了定性研究和定量研究两种方式，采用文献研究法、个案研究法及行动研究法三种方法，广泛搜集国内外文献，研究分析了全国教育信息服务体系现状、北京市教育信息化推进现状和云计算支持下的信息化发展模式的转变，对北京电教馆专家、市相关领导、区县教育信息化领导、中小学信息化领导及一线教师进行访谈，分析了北京教育信息化的需求特征，对学校信息化规划、信息化建设机制、建设服务队伍、运行管理体系等方面进行了问卷调查、实地调研、会议研讨、专家咨询，研究了北京基础教育信息化的技术现状和应用模式。

（二）研究的技术路线

本书具体的技术路线如图 1 - 2 所示。

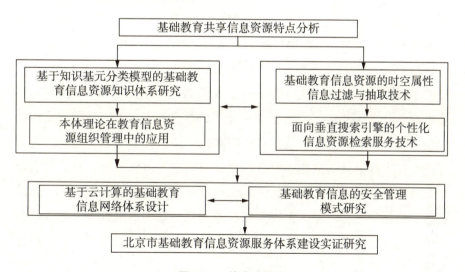

图 1 - 2 技术路线图

（三）研究内容

本书针对基础教育信息资源共享中存在的问题，以知识管理和本体理论为资源组织手段，以个性化信息资源搜索技术和云计算技术为信息资源的检索和提供方法，通过虚拟专用网络建设与网络信息安全手段保障共享资源的地域共享与访问安全，构建北京市基础教育信息资源共享平台。本平台以整体性、交互性、共享性为目标，提升各应用系统之间资源分配的合理性与高效性。各系统以松散耦合的方式集成，独立运行，局部变动不影响整个平台，应用之间依赖性低。同时，每个应用提供标准接口，第三方通过接口调用其提供的服务，实现访问系统内部的信息与资源。基础平台的组成结构包括应用程序管理、用户与角色管理、Web程序的用户漫游、信息视图和数据服务、数据维护界面、共享的树形文档管理、丰富的权限控制、邮件支持、模板管理、信息上传、信息管理与发布、个人桌面管理与桌面角色模板设计与管理。

（四）研究的特色与创新点

1. 研究区域教育资源分层存储与服务体系。建立了市、区县、学校三级资源分布存储、资源编目集中管理的分布式教育资源管理体系。

2. 研究教育资源协作、交流与共建模型。提出并支持"（P＋R）S＝KP"理论，其中，P指人（Person），R指教与学的资源（Resource），S指共享、分享（Share），KP指个体化了的教学知识，"＋"号表示现代信息技术的运用。整合有效工具和服务，围绕教育教学相关主题，建成了一个广大师生共同创作、构建、整合与交流的协作环境。以扩展资源为载体，把各参与者的教育教学知识积淀下来，并促进其内化为个体的技能、思想和理念，应用于教育教学的实践活动中，服务于教育教学知识的交流、分享和共同建构，鼓励广大教师分享自己的教学经验，进行知识共享，然后利用这些知识去创新、去应用，使区域或学校的整体教育教学质量得到快速提升，使教育的发展趋于平衡。

3. 研究教育资源建设的市场机制。通过电子货币实现快捷方便的网上结算，提高参与方的积极性，吸引更多的市场资源，同时鼓励更多的师生参与网络教育教学。

4. 探索教育资源建设的技术规范与标准。遵循教育部和北京市教育资源元数据规范，并对标准进行扩展，丰富资源的编目信息、描述信息，扩展资源的应用范围，使描述信息本身又成为一种资源。

5. 实行教育资源政府公共服务的模式。支持并实现"后付费"形式的政府采购模式，由原来的政府采购、师生被动接受，变为政府招标、企业广泛参与、师生自主选择、政府定期结算的模式，这种模式的采用最大限度满足了用户的需求，极大地提高了投资效益。

6. 研究并形成基础教育信息资源联盟的形式。实现了面向全市中小学师生的实名认证和多系统单点登录，支持跨省市的资源与数据共享，为全国教育资源联盟的形成创设了条件。

第二章
北京市基础教育信息资源服务体系建设现状

北京市基础教育在科学发展观指导下，以"公平、优质、结构、特色"为主题展开建设，取得了新发展。截至 2012 年，北京市共有幼儿园 1266 所，新增 383 个分园，在园幼儿 33.15 万人，教职工 4.8 万人。小学 1081 所，在校学生 71.8 万人，教职工 5.57 万人。普通中学 630 所，其中，完中 245 所，纯高中 44 所，初中 257 所，九年一贯制学校 84 所。初中在校学生 30.5 万人；高中在校学生 19.3 万人，中学共有教职工 7.87 万人。

北京市自 1999 年将教育信息化建设确定为跨世纪重点建设工程以来，特别是 2001 年全国中小学教育信息化工作会议以来，北京市用于中小学信息化建设的资金投入累计 40 亿元，基础教育信息化建设迅猛发展。截至 2013 年年底，北京市中小学共有计算机 426065 台，其中学生计算机 196343 台，专任教师计算机 188262 台，办公用计算机 41460 台，多媒体教学设备 42520 套，多媒体设备 46086 套。学生平均每 6.9 人共用一台计算机，教师平均每人一台计算机，一半以上的幼儿园接入互联网，带宽不低于 10 兆。

网络建设是教育信息化的基础工程。北京教育信息网由市级骨干网、区县区域网与校园网三级网络构成，铺设光纤超过 5000 芯千米，17 个区县与市属高校都与北京教育信息网实现高速互联，带宽不低于 1000 兆，部分区域达到 10000 兆。24B 的 IP 地址容量可以为北京市教育系统内每台计算机提供唯一的 IP 地址，计划再申请 12B 地址，这样北京教育将拥有 240 万个 IP，为确保信息安全奠定坚实的基础。北京教育信息网已经成为推进各级各类教育教学、科研、管理现代化发展的重要基础条件。北京教育信息网网络架构图及北京教育信息网三级网络示意图如图 2 - 1 和图 2 - 2 所示。

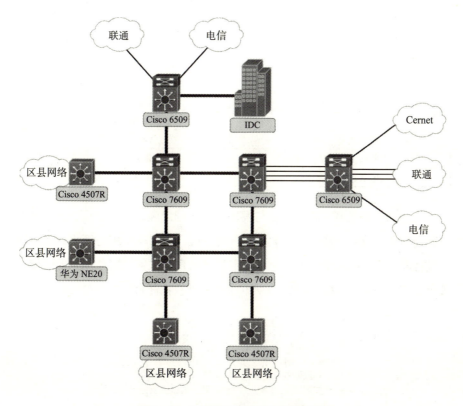

图 2 - 1　北京教育信息网网络架构图

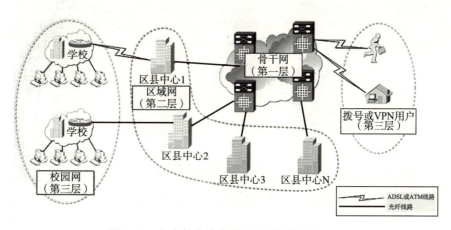

图 2 - 2　北京教育信息网三级网络结构示意图

建立了远程教育服务系统、专业教育门户、电子政务（电子校务）体系，如表2-1所示。

表2-1　北京市与基础教育相关的网站一览表

北京市与基础教育相关的网站	网　址
北京市教育门户网	www. bjedu. gov. cn
北京教育资源网	www1. edures. bjedu. cn
北京市中小学资源平台	resportal. edures. bjedu. cn
北京市教师研修网	www. beijingteacher. net
课程网	www. kecheng. net
北京教育科研网	www. bjesr. cn
CMIS 和 IC 卡综合网站	card. bjedu. cn
北京数字学校网	www. bdschool. cn

北京市基础教育信息化建设与发展，在基础设施、教育管理、海量资源会聚与服务、教师研修支撑、学生学习与发展、新课程实施与管理、教育质量监控与评价方面成绩突出，为北京市基础教育信息资源服务体系的建设与发展奠定了坚实的基础。图2-3为北京市基础教育资源共享架构雏形。

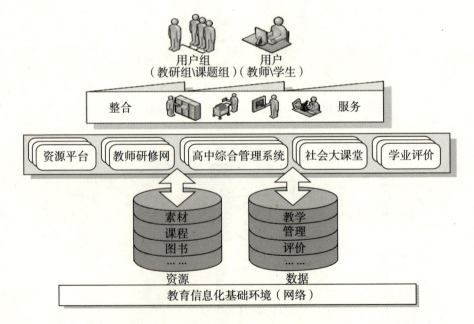

图2-3　北京市基础教育资源共享架构雏形

一、北京市基础教育信息资源服务体系建设成果

（一）建立了全市比较规范的基础教育基本数据库

北京市从 2000 年开始设计与构建市、区县、学校三级管理平台。北京市中小学管理信息系统（简称 CMIS）是依据教育部与北京市相关法规，基于北京市教育实际情况开发的一套教育软件，通过标准接口实现学校与市、区县教育部门的信息共享，构建了一个统一、规范的中小学管理信息平台。CMIS 系统作为管理软件，以服务和优化教育教学管理应用为导向，基于学校业务功能而架构；拥有学籍管理、教学管理、教学评估、报送数据统计报表等功能；可以实现学校与教育行政部门的互动，并可实现与其他应用系统的数据共享，从而达到教育数据的一致性、标准性和规范性。CMIS 已在全市范围内建起一套比较完整、规范的学生基本数据库，形成了市、区、校三级数据管理体系。

自 2005 年起，依托成型的学生数据库，全市开展了中考、会考、高考等各类考试应用和财政预算管理等应用，取得了良好的效果。同时以数据体系为基础，自 2006 年起全市为中小学生陆续免费发放学生 IC 卡 140 万张，依托学生卡开展了电子学籍管理（注册、入学）、跨校资源共享（中小学生社会大课堂）、学生持卡体检、学生体质健康、运动会的身份认证、特长生的标示、校内一卡通（门禁、考勤、图书借阅、售餐等）及多项社会应用（市政交通一卡通、平安短信），取得了良好的效果。全市基础教育数据体系的建成为学生自主选课、学业质量监控、社会实践的实施与评估、综合素质评价等奠定了坚实的基础。

（二）初步建成了北京市中小学资源平台

该平台 2005 年年底开通运行，截至 2011 年 6 月，平台已拥有数据资源 65 万条左右，频道 18 个，资源总数达到 450 万条左右，平台整合了市

属高校艺术文化类特色资源、全国知名中小学课程资源、国家基础教育资源网视频资源、服务于广大师生的各类公益资源，以及国内外知名厂商提供的视频、课程、试题、主题资源等各类资源内容。平台注册用户超过48000人，包括全市中小学一线教师，平均下载量超过1.5T/月。同时拥有91900种、超过100万册图书资源的中小学数字图书馆，涵盖了六百多种教育教学期刊、拥有350万种资源的文献传递系统向中小学师生免费提供查询服务。2010年度图书期刊类资源累计访问量182.6万人次。

（三）基本建立了网络研修平台——北京市教师研修网

2007年，随着高中课程改革在全市的推进，教师的培训需求激增，面对怎样将课程改革理念有效地传播给每一位教师、如何将教师研修工作做得更加有效的挑战，北京市为全体教师构建了教师研修网，提供数字化课程资源，协助教师提高教学与专业技能，实现跨学校、跨学科、跨区域的交流。

该平台受到了广大教师的欢迎，截至2009年年底，设立了27个学科的主题讨论区，专家、名师与个人博客注册数达到四千多个，举办网上多媒体互动教研与专题讨论活动三十多次，新闻作品两万多篇。2009年暑期北京市依托北京市教师研修网完成了全市数万名高中教师的高中新课程培训，受到广大教师的普遍好评。市级教师研修网的建立还带动了各区网络研修的开展，并实现了市、区网络研修的互动。

（四）基本构建了高中学生综合管理与评价系统

为建立新的教学管理制度与工作程序，实现综合素质评价、学分制管理方式与学生自主选课，2007年全市统一规划、设计、开发了普通高中综合管理系统，该系统包括北京市普通高中综合素质评价平台和新课程管理平台。普通高中综合素质评价平台旨在通过探索与新课程相适应的学生评价制度，引导和促进每个学生实现在原有基础上的全面、和谐和可持续的发展。新课程管理平台通过建立电子化的选课、排课系统及教学管理系统，为北京市高中学校顺利进入新课程改革、建立新的教学管理制度与工作程序提供了扎实的基础。截至 2010 年，全市所有高中学校均已安装使用上述两套平台，依托两套管理平台记录学生高中三年的学习、研究、活动、体育、奖励、评语等方面的数据和情况，由此综合生成的《北京市普通高中毕业生综合素质评价报告册》成为学生档案的重要组成部分，并为高招录取提供参考。

（五）初步建立了北京市中小学生社会大课堂和数字德育平台

课程改革对学生社会实践及研究性学习提出了更加明确的要求。为充分利用北京市丰富的社会资源服务教育教学，北京市于 2008 年 1 月开始全面启动北京市中小学生社会大课堂，利用北京丰富的人文、自然资源，构建信息共享平台，实现活动资源的数字化管理，不但能为学校和学生提供更丰富的课外活动，也可以为教育管理部门的决策分析提供数据基础。截至 2010 年 11 月 30 日，有效的学生活动记录有 10 余万条。

（六）探索建立了义务教育教学质量监控与评价系统

为科学、客观地监控北京市义务教育各个学段在常态下的教学质量，充分发挥教学评价所具有的诊断、反馈和促进发展的功能，为实施高标准、高质量的义务教育改革和发展决策与管理提供符合实际的意见，进一步通过反馈来促进学校的发展和教师专业化的发展，促进学生全面、主动、多样化的发展，引导社会逐步形成正确的教与学质量观，促进北京市义务教育教学质量的稳步提升，北京市于 2003 年启动"北京市义务教育教学质量监控与评价研究"项目，建立"北京市义务教育教学质量监控与评价体系"。经过 6 年的研究与实践，北京市义务教育质量监控与评价工作对全市义务教育教学质量的诊断和课程改革的引导起到了很好的作用，为进一步全面开展基础教育学生学业水平测试奠定了扎实的基础。在此基础上，2009 年开始实施北京市义务教育教学质量分析与评价反馈系统，并依托该系统完成了全市 9 个区县 65000 名学生的小学三年级数学测试。该系统对于准确把握全市中小学教学质量，及时做出相关决策是必要的、有益的，同时也使得北京市基础教育学生学业水平与学业成就测试工作跟上了国际发展潮流，居于国内先进行列。

（七）探索建立了首都基础教育公共服务新模式——北京数字学校

为加快实现首都基础教育现代化，转变基础教育发展方式，北京市2012年提出了义务教育阶段名师授课数字化政府实事工程。北京市教委在广泛调研的基础上明确工作思路，本着既尊重教育规律、循序渐进，又着眼未来，办出新时期特色的出发点，以"建设课程资源、推广应用试点、创新长效机制"策略稳步推进。

首先是建设名师同步课程，在网络与传统媒体平台播出。北京市教委制定工作方案与开发计划，形成了名师同步课程资源开发的授课教师选拔、教材版本选择、课堂教学评价、教学资源与教学设计标准、课程摄制技术规范等标准文件。北京市建立北京数字学校门户网站、歌华有线高清交互数字电视平台、北京数字学校校报三个传播渠道，于2012年9月1日正式开通，向全市中小学生、家长和教师提供服务，实现"数字教育进校园，名师教育送家庭"。

其次是开展应用模式试点，实现多层面教学教研深度融合。北京市区教委选取15个区县47所中小学，开展同步课程"点对点"应用模式，结合国家级课程改革实验项目，以点带面，点面结合，推动优质教育资源共享，整体提升中小学办学质量和水平。

最后是建立北京数字学校，建立优质资源共享机制。北京数字学校将传统教育模式与信息技术和新媒体技术有机结合，建立起一种网络化、数字化、智能化的新型教育环境。北京数字学校门户网站建立了一套统一身份认证系统，整合现有教育平台，通过网络实现课程点播、同步课程直播、互动英语、拓展资源等内容的学习，建立学生、教师和家长学习、交流、讨论、共享的虚拟空间，为学习者提供个性化成长和发展所需的教育服务。北京市制定了《基础教育阶段名师同步课程资源建设及应用指导意见》，进行管理机制创新，突破学校、区域界限，促进优质教育资源在本区县乃至更大范围内共享，使学习不再局限于学校、局限于书本，可以在任何时间、任何地点，通过电视、电脑、手机等任何介质，实现真正意义上的泛在学习。

二、北京市基础教育信息资源服务体系现存的问题

（一）调查问卷的设计

在参考大量已有研究的基础上，本书设计了《北京基础教育信息资源服务体系满意度调查问卷》，问卷包括两部分内容，共 29 个题项。其中第一部分是对被调研人员基本情况的调查，包含 7 个题项，例如被调研人员的身份、被调研人员所处的教育阶段、被调研人员所属的学科性质、被调研人员的年龄等；第二部分是"北京基础教育信息资源服务体系满意度调查题项"，从整体感知情况、内容方面感知情况、技术及操作情况、服务情况四个方面收集信息，共计 22 个题项。

为了保证问卷的科学性和有效性，本书采用德尔菲法对问卷进行修正和完善，具体过程如下。首先，确定了专家组。专家组的成员共 13 位，均是来自人文社会科学不同领域的专家，专家组成员的所属单位包括清华大学教育研究中心、北京航空航天大学经济管理学院和人文学院、中国农业大学经济管理学院以及中国社科院等。其次，对专家组成员进行多次匿名的反馈式调研。整个调研的过程专家组成员并不直接参与，课题组作为中枢节点与各专家通过电子邮件单线联系，消除潜在权威的影响。调研的主要内容包括问卷整体结构是否合理、题项表述是否恰当、题项内容与研究内容是否匹配以及题项的完备性是否满足四方面的内容。每一轮调研结束后，课题组会将所有意见汇总并以邮件的形式发送到每一位专家的邮箱，作为下一轮讨论的基础。本次调研共进行了四轮反馈，最终确定了修改意见和建议。对问卷进行修改，得到修正后的调研问卷，将修改后的调研问卷发送给专家组每位成员进行最后评判，评判结果包

括优、良、中、差4个等级。反馈结果显示有10位专家给予了"优"的评价,其余3位给予了"良"的评价,说明修正后问卷的信度和效度达到了可以大规模发放调研的水平。

在问卷大规模发放之前,我们选择了部分老师、学生以及学生家长进行了一个小规模的试测,并未出现题项表述不清晰和理解有歧义的情况。

(二) 调查数据的收集

我们在北京市范围内抽取了1500位具有基础教育信息资源服务体系使用经历的人进行调研,包括网上问卷调查和面对面问卷调查两种形式。其中,大部分问卷以网页链接的形式发送给被调研人,小部分问卷在访谈过程中现场发放,进行数据采集。

此次问卷调查以北京地区各区县为主,同时也涉及了其他一些地市高校的科研人员,调研时间为2013年11月—2014年2月,最终收回问卷1206份,问卷回收率为80.4%,其中有效问卷1103份,有效问卷率为73.5%。

(三) 调查数据的分析

借助SPSS和Excel等统计软件对数据进行处理,将北京基础教育信息资源服务体系的使用现状调研情况从整体感知情况、内容方面感知情况、技术及操作情况、服务情况四个方面进行归纳整理。

1. 有效问卷中抽样对象的描述性特征分析。

此次抽样调查的对象中,基础教育教师占40.65%,学生占40.53%,学生家长占18.82%。从调研对象的年龄层上看,10岁以下占5.76%,11—20岁占34.77%,21—30岁占8.06%,31—40岁占31.47%,41—50岁占15.24%,50岁及以上占4.7%。从所处的基础教育阶段上看,学生及学生家长方面,幼儿园阶段占6.57%,小学阶段占15.36%,初中阶段占 16.57%，高中阶段占 16.85%；教师方面，幼儿园阶段占 5.57%，小学阶段占 8.38%，初中阶段占 15.56%，高中阶段占 12.41%。在学科性质方面，文科占 59.36%，理科占 40.64%。教师样本中，教师受教育程度方面，本科以下占 0%，本科占 10.36%，硕士研究生占 20.11%，博士研究生占 10.09%。调研样本所在的区县方面，东城区占 6.38%；西城区占 8.63%，朝阳区占 7.94%，海淀区占 8.36%，丰台区占 7.64%，石景山区占 8.58%，昌平区占 5.95%，顺义区占 7.39%，房山区占 4.66%，通州区占 6.87%，大兴区占 5.16%，怀柔区占 3.09%，门头沟区占 4.14%，平谷区占 5.98%，密云县占 5.05%，延庆县占 4.18%。从各个方面的统计数据可以看出，抽样样本的整体结构比较均衡。

2. 北京基础教育信息资源服务体系整体感知情况：该部分共有 7 个题项，本书分别针对 7 个题项被调研人员的作答情况展开分析。

（1）问卷第 1 题"您对目前北京基础教育信息资源服务体系的整体满意程度如何？"的统计数据显示，目前对于北京的基础教育信息资源服务体系"比较满意"及以上的人员达到 30%，有 50% 的人认为目前的服务体系尚可，值得注意的是有 20% 的人群对现有体系不满意。

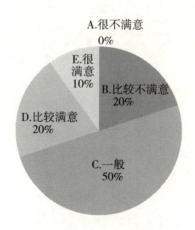

图 2-4　北京基础教育信息资源服务体系的整体满意程度认知

（2）问卷第 2 题"在您的学习、工作中，北京基础教育信息资源服务体系起着怎样重要的作用？"的统计数据显示，认为北京基础教育信息资源服务体系作用重要的占 27%，41% 的人认为作用一般，还有 32% 的人认为该信息服务体系在工作、学习中比较不重要。可见，大部分被调研人员认为该信息服务体系在自己的工作和学习中发挥着良好的作用。

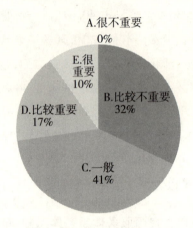

图 2-5 北京基础教育信息资源服务体系重要性认知

（3）问卷第 3 题"您会增加对北京基础教育信息资源服务体系的使用次数吗？"的统计数据显示，会积极主动使用北京基础教育信息资源服务体系的人占 38%，35% 的人会使用该信息服务体系但不积极主动，18% 的人偶尔会使用该信息服务体系，还有 9% 的人没有硬性要求就不会使用该信息服务体系。可见，被调研人员对该信息服务体系的主动使用率还是有待提升的。

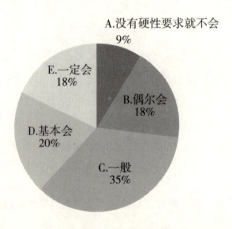

图 2-6 北京基础教育信息资源服务体系使用倾向

（4）问卷第 4 题"您认为北京基础教育信息资源服务体系的可靠程度

如何?"的统计数据显示,28%的人认为北京基础教育信息资源服务体系非常可靠,30%的人认为基本可靠,共占总人数的58%。此外,还有35%的人认为该信息服务体系可靠性一般,认为"非常不可靠"和"不可靠"的占7%。可见,被调研人员认为该信息服务体系的可靠度还是比较高的。

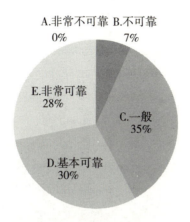

图 2 − 7　北京基础教育信息资源服务体系可靠度认知

(5)问卷第5题"您对北京基础教育信息资源服务体系的信任程度如何?"的统计数据显示,30%的人非常信任该信息服务体系,40%的人基本信任该信息服务体系,25%的人对该信息服务体系的信任程度一般,"非常不信任"和"不信任"该信息服务体系的人占5%。可见,被调研人员还是比较信任该信息服务体系的。

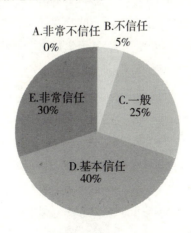

图 2 − 8　北京基础教育信息资源服务体系信任度认知

（6）问卷第 6 题"目前北京基础教育信息资源服务体系多大程度上能满足您的要求？"的统计数据显示，10%的人认为北京基础教育信息资源服务体系完全可以满足自己的使用要求，37%的人认为基本可以满足，共占总人数的 47%。此外，还有 43%的人认为该信息服务体系满足情况一般，共 10%的人选择了"不能满足"或"完全不能满足"。可见，北京基础教育信息资源服务体系满足了大部分人的使用需要，但是还有提高改善的空间。

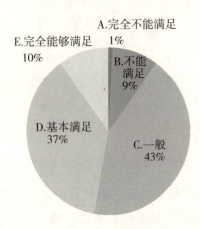

图 2 – 9　北京基础教育信息资源服务体系服务满足能力认知

（7）问卷第 7 题"您会向周围人推荐使用北京基础教育信息资源服务体系吗？"的统计数据显示，32%的人会向周围人推荐北京基础教育信息资源服务体系，25%的人认为不会推荐，此外，还有 43%的人视情况而定。

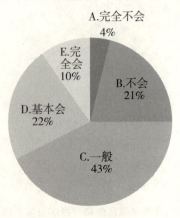

图 2 – 10　北京基础教育信息资源服务体系推荐行为倾向

（8）问卷第 8 题 "您看好北京基础教育信息资源服务体系的发展前景吗？"的统计数据显示，39% 的人非常看好北京基础教育信息资源服务体系的发展前景，47% 的人基本看好，11% 的人一般，仅有 3% 的人不看好。可见，被调研人员对北京基础教育信息资源服务体系的发展前景还是普遍看好的。

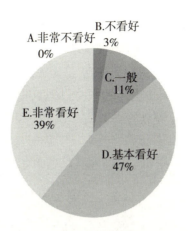

图 2-11　北京基础教育信息资源服务体系发展前景认知

基于以上分析可知，人们对北京基础教育信息资源服务体系的整体感知情况较好，大部分人能够利用信息资源服务体系开展工作、学习，对它的认可与信任程度较高，在大部分情况下，该信息资源服务体系能够满足他们的基本使用需求。但是，调研中也暴露出一些问题。比如，在没有硬性要求下，被调研人员对服务体系的使用明显降低，同时再被问到是否会将该服务体系向周围人推荐的时候，有近 1/3 的人群选择不会推荐，还有 43% 的人群选择一般，将视情况而定。目前对于北京基础教育信息资源服务体系的使用更多的是建立在一定的任务导向基础上，对于借助信息资源满足个体兴趣性或非工作任务性信息需求方面可能稍弱，这可能是造成部分人员没有将其推荐给身边其他人的重要原因。此外，调研群体普遍对该信息服务系统的前景看好，表示这种基于信息资源整合共享的信息化体系是被人们广泛认可的，只是在信息整合以及开发的内容、形式等方面需要不断创新，不断满足并引领人们的使用需求。

3. 北京基础教育信息资源服务体系内容方面感知情况。

（1）问卷第9题"您认为北京基础教育信息资源服务体系提供的信息资源规模、数量情况如何？"的统计数据显示，19%的人对北京基础教育信息资源服务体系提供的资源数量、规模很满意，47%的人比较满意，21%的人认为一般，仅有13%的人对北京基础教育信息资源服务体系提供的资源数量、规模不满意或完全不满意。

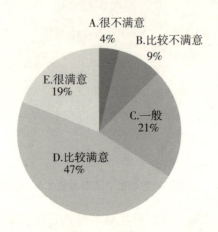

图 2－12　北京基础教育信息资源服务体系服务规模认知

（2）问卷第10题"您认为北京基础教育信息资源服务体系提供的信息资源多样化程度如何？"的统计数据显示，16%的人认为北京基础教育信息资源服务体系提供的资源很丰富，40%的人认为比较丰富，33%的人认为一般，11%的人群认为北京基础教育信息资源服务体系提供的资源数量、规模比较不丰富或很不丰富。可见，北京基础教育信息资源服务体系的丰富度有待进一步提升。

（3）问卷第11题"您认为北京基础教育信息资源服务体系满足您个性化需求的水平如何？"的统计数据显示，14%的人认为北京基础教育信息资源服务体系提供的信息完全能够满足自己的个性化需求，39%的人认为基本能够满足，32%的人认为一般，有15%的人认为北京基础教育信息资源服务体系不能或完全不能满足自己的个性化需求。可见，北京基础教育信息资源服务体系对个性化需求的满足水平需要进一步提高。

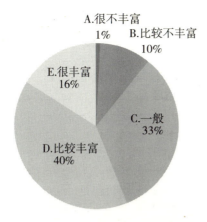

图 2 – 13　北京基础教育信息资源
服务体系资源多样化程度认知

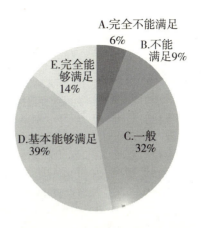

图 2 – 14　北京基础教育信息资源
服务体系个性化服务满足能力认知

（4）问卷第 12 题"您认为北京基础教育信息资源服务体系提供信息的准确度如何？"的统计数据显示，18% 的人认为北京基础教育信息资源服务体系提供的资源准确度很高，39% 的人认为准确度较高，37% 的人认为一般，仅有 6% 的人对北京基础教育信息资源服务体系提供的资源准确度存疑。可见，对于北京基础教育信息资源服务体系信息资源的准确度被调研人员还是比较认可的。

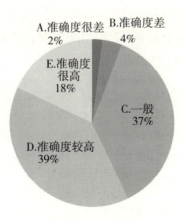

图 2 – 15　北京基础教育信息资源服务体系信息准确度认知

（5）问卷第 13 题"您认为北京基础教育信息资源服务体系提供信息的时效性如何？"的统计数据显示，11% 的人对北京基础教育信息资源服务体系提供信息的时效性很满意，32%的人比较满意，39%的人认为一般，有18%的人认为北京基础教育信息资源服务体系提供信息的时效性较差或很差。

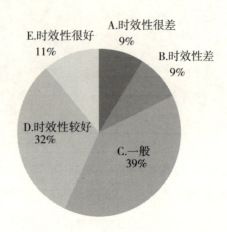

图 2 - 16　北京基础教育信息资源服务体系信息时效性认知

（6）问卷第14题为"关于北京基础教育信息资源服务体系提供的七大主要服务，您满意程度如何？"目前北京基础教育信息资源服务体系提供的主要服务包括：基础教育基本数据库、中小学资源平台、网络研修平台、高中学生综合管理与评价系统、中小学社会大课堂和数字德育平台、义务教育教学质量监控与评价系统、基础教育公共服务新模式（北京数字学校）。针对这七大项目，本书采用李斯特五点量表，计量了使用人群对主要服务的满意度得分。

其中，基础教育基本数据服务的满意度平均得分为4.21，中小学资源平台服务的满意度平均得分为4.03，网络研修平台服务的满意度平均得分为3.69，高中学生综合管理与评价系统服务的满意度平均得分为3.98，中小学社会大课堂和数字德育平台服务满意度平均得分为3.57，义务教育教学质量监控与评价系统服务满意度平均得分为3.21，北京数字学校服务满意度平均得分为3.89。

基于以上分析可知，人们对北京基础教育信息资源服务体系内容方面感知情况良好，大部分人对北京基础教育信息资源服务体系提供的信息数量和规模满意，对提供数据的准确度比较认可，他们认为信息内容具备一定的多样化水平，在一定程度上可以满足他们的个性化需求。但是，还有 15% 的人认为无法满足个性化需求，有 32% 的人对此题项持保留态度。一般而言，个性化需求的满足是在对使用者心理以及使用习惯等项目深入分析的基础上不断创新的结果，既包括内容的创新，也包括方式、方法的创新，是一项长期工作。

此外，在对北京基础教育信息资源服务体系七大服务的满意程度调查时发现，被调研人员对基础教育基本数据服务、中小学资源平台服务两个模块的满意度较高，对义务教育教学质量监控与评价系统服务、中小学社会大课堂和数字德育平台服务两个服务模块的满意度较低，有待进一步加强。

4. 北京基础教育信息资源服务体系技术及操作情况。

（1）问卷第 15 题"您认为北京基础教育信息资源服务体系服务网络、服务场所以及终端设施完善程度如何？"的统计数据显示，15% 的人认为北京基础教育信息资源服务体系提供信息的服务网络、服务场所以及终端设施非常完善，38% 的人认为比较完善，33% 的人认为一般，8% 的人认为比较不完善，6% 的人认为非常不完善。可见，北京基础教育信息资源服务体系的服务网络、服务场所以及终端设施还有完善、改进的空间。

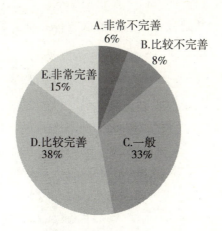

图 2－17　北京基础教育信息资源服务体系设施完善程度认知

（2）问卷第 16 题"您认为北京基础教育信息资源服务体系信息服务技术成熟程度如何？"的统计数据显示，11% 的人认为北京基础教育信息资源服务体系技术成熟度较高，30%的人认为比较成熟，35%的人认为一般，有16%的人认为北京基础教育信息资源服务体系信息服务技术比较不成熟，8%的人认为非常不成熟。可见，北京基础教育信息资源服务体系信息服务技术实现方面还有待改进。

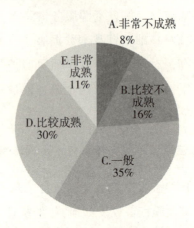

图2-18 北京基础教育信息资源服务体系技术成熟度认知

（3）问卷第17题"您认为北京基础教育信息资源服务体系信息服务系统操作的便利程度如何？"的统计数据显示，9%的人认为北京基础教育信息资源服务体系服务系统操作非常便利，30%的人认为比较便利，36%的人认为一般，14%的人认为比较不便利，还有11%的人认为非常不便利。可见，北京基础教育信息资源服务体系信息服务系统操作界面友好性还有很大的改进余地。

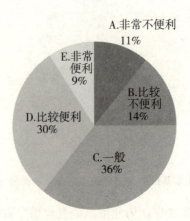

图2-19 北京基础教育信息资源服务体系操作便利度认知

（4）问卷第 18 题"您认为北京基础教育信息资源服务体系使用培训方面的满意程度如何？"的统计数据显示，19% 的人对北京基础教育信息资源服务体系提供的培训很满意，35% 的人比较满意，36% 的人认为一般，有 10% 的人对北京基础教育信息资源服务体系提供的培训非常或比较不满意。

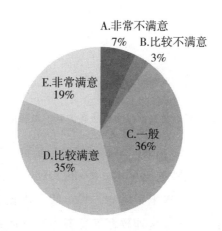

图 2-20 北京基础教育信息资源服务体系培训满意度认知

基于以上分析可知，人们对北京基础教育信息资源服务体系技术及操作方面的反映一般，是调研的几个分类中较差的一类。虽然经过近几年的发展，北京市基础设施建设与信息资源服务体系已经得到了长足的发展，并在国内主要省市间处于领先水平，但是相对于使用者的需求以及其他同类资源服务体系，还有不少需要改进的地方。我们需要加强信息资源服务体系的服务网络、服务场所以及终端设施的建设，引进技术人才，借助相关行业的领先技术，构建良好的基础服务环境，提高信息资源服务体系的信息化水平。

5. 北京基础教育信息资源服务体系服务情况。

（1）问卷第 19 题"您认为北京基础教育信息资源服务体系提供信息服务的方便性如何？"的统计数据显示，13% 的人认为北京基础教育信息资源服务体系提供的服务非常方便，35% 的人认为比较方便，40% 的人认为一般，有 12% 的人认为北京基础教育信息资源服务体系提供的服务非常或比较不方便。

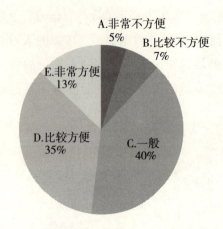

图2-21 北京基础教育信息资源服务体系信息服务方便性认知

（2）问卷第20题"您认为北京基础教育信息资源服务体系服务人员的业务水平如何？"的统计数据显示，6%的人对北京基础教育信息资源服务体系服务人员的业务水平很满意，40%的人比较满意，42%的人认为一般，有12%的人对北京基础教育信息资源服务体系服务人员的业务水平比较不满意或非常不满意。

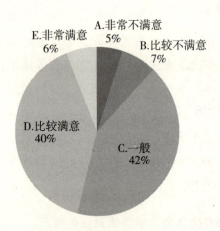

图2-22 北京基础教育信息资源服务体系人员业务水平认知

（3）问卷第21题"您认为北京基础教育信息资源服务体系服务人员的服务态度如何？"的统计数据显示，6%的人对北京基础教育信息资源服务体系服务人员的服务态度非常满意，31%的人比较满意，41%的人认为一般，有12%的人比较不满意，有10%的人非常不满意。

（4）问卷第 22 题"您对北京基础教育信息资源服务体系提出改善意见时，其反馈程度及效率如何？"的统计数据显示，6% 的人对北京基础教育信息资源服务体系提供的反馈机制及效率很满意，29% 的人比较满意，39% 的人认为一般，有 14% 的人比较不满意，此外还有 12% 的人非常不满意。

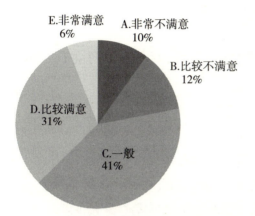

图 2-23　北京基础教育信息资源服务
体系服务态度满意度认知

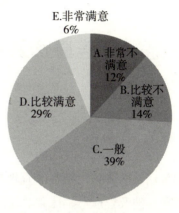

图 2-24　北京基础教育信息资源
服务体系服务意见反馈效率认知

基于以上分析可知，人们对北京基础教育信息资源服务体系服务方面的反映一般。信息服务体系服务的质量在很大程度上影响着用户感知，这方面的缺失很容易使很多其他方面的努力前功尽弃，功亏一篑。从调研结果上看，服务人员的服务态度和信息反馈的及时有效性两个方面最差。服务人员的专业化水平和服务的便捷性等方面，也存在不少问题。要从根本上破解服务认可度低的问题，不能头痛医头、脚痛医脚，要全面系统地提升整体服务体系以及服务环境，从根本上改进当前北京基础教育信息资源服务体系服务方面满意度欠佳的问题。

第三章
基础教育信息资源服务体系构建的理论基础

随着知识经济时代的到来，知识管理已经成为社会关注的热点。知识管理是网络时代新兴的管理思潮与方法，是一个学术的、专业的论文主题，涉及管理学、社会学、信息学与经济学等多个领域的知识。受到20世纪90年代信息化蓬勃发展的影响，伴随着互联技术的发展，知识管理成为组织创造更多竞争力的利器，是知识经济时代的一种全新的管理模式（李贵成，2007）。

目前，国内外关于知识管理的研究文献很多，国内主要集中于图书馆和企业的研究，而国外集中于政府部门的研究。为了解决"信息孤岛"的问题，关于信息资源的集成，先前的研究要么笼统地论述企业知识管理与知识门户的关系、企业知识门户的功能定位，要么从系统实施的角度论述企业知识门户的实施环境及其技术支持，并没有从知识资源整合和服务集成的角度架构社会组织的知识门户平台，也没有探讨如何利用社会组织知识门户提升组织业务发展与创新等问题。

基础教育在公平、优质、均衡发展的需求和信息技术快速引进的共同驱动下，各学校、各区域、各单位的教育信息化建设得到迅速发展，但是随之而来的副作用也很明显，其集中表现就是"信息孤岛"问题。因此，如何解决"信息孤岛"问题，让海量的信息和知识真正为学校师生所用，从而提高学校或区域的工作效率和竞争力，成为互联网时代基础教育信息化建设的一个重大课题。

近年来，本体论被广泛地应用到计算机众多领域。本体原是哲学的概念范畴，是"对世界上客观存在物的系统的描述，即存在论"，是客观存在的一个系统的解释或说明，关心的是客观现实的抽象本质（邓志鸿，等，2002）。到了 20 世纪 80 年代末，本体的概念被引入计算机领域的人工智能界，赋予了本体新的含义。本体是用于信息管理的一个主要的技术，因为本体提供了一个通用的表现形式和语义学。它构建了一个对某一领域通用和共享的理解，从而可以在人们和应用系统间进行交流。总的来说，相关研究主要集中在建立本体的方法和过程、本体设计和评估的形式化方法与本体论的应用研究方面，在信息技术应用方面主要用于信息集成。近年来，也有人开始对将本体用于数据挖掘进行研究。目前看来，本体理论可以在基础教育信息资源建设中的信息检索、信息集成、信息抽取、信息分类方面得到有效应用。

一、知识管理与教育信息资源的知识体系

（一）知识与知识管理概述

对于知识的定义，各个行业和领域存在不同的意见。《辞海》中认为，知识是人们在社会实践和生产过程中积累起来的数据和经验，属于"认识"的范畴。但由于知识的复杂性和多样性，难以对知识进行清晰、明确、无分歧的概念化定义，这一点罗素在《人类的知识》一书中也曾提到，他认为知识是一个意义模糊、不易描述的概念。

彼得 F. 德鲁克认为知识是一种可以改变某些人的行为或者事物的特性的信息，既包括使信息成为行动方案的基础方式，也包括通过对信息的使用使得某个体（或组织）有能力进行改变或者进行更为有效的行为的方式。数据是一种可度量、可记录的符号，信息是经过加工处理的数据，而知识则是将信息与资料转化成行为的能力，三者的关系如表 3 - 1 所示。

表3-1 数据、信息与知识的关系

	数　据	信　息	知　识
来源	简单的符号	数据	信息
形式	没有意义的记录	具有一定的意义	能够用于决策、判断
抽象性	直观	较抽象	复杂、抽象
编码难度	简单	较简单	难
量	大	一般	小
理解	容易	一般	难

对于知识管理，彼得 F. 德鲁克最早提出了知识社会与知识管理的理论。所谓知识管理，就是在组织中建构一个人文与技术兼备的知识系统，让组织中的信息与知识通过获得、创造、分享、整合、记录、存取、更新等过程，达到知识不断创新的最终目的，并回馈到知识系统内，个人与组织的知识得以永不间断地积累（彼得 F. 德鲁克，2004）。他在《新型组织的出现》一文中指出，由于 IT 的发展，企业将进入新的形态——由专家小组构成的知识型企业（彼得 F. 德鲁克，1988）。

知识管理应实现下述功能。

1. 知识发现。随着信息技术的发展，信息的数量超过了人们的处理能力，搜寻所需的成本增加，反而使人们感到知识匮乏。充分挖掘海量信息中带有结论性的有用信息——知识，才是人们所需要的。

2. 知识共享。知识共享是实现知识价值最大化的有效途径。

3. 知识的传递和利用。知识的传递是使得知识体现其价值的关键环节，只有在传递的过程中，才能更好地完成知识的学习、利用和创新，而创新是知识管理追求的最高目标。

知识管理注重问题的解决方案，其出发点是将知识视为重要的战略资源，其目标是知识的运用，具有较强的方向性和效用性。它关注的是对智力的管理，注重知识的创造和知识的应用及对人的管理。

信息资源是知识管理过程中不可缺少的重要部分，是知识管理工作中最为基础的部分。而在以往的信息化建设中，只注重对显性知识的收集、整理和利用，而忽略了对隐性知识的开发和利用。

从知识管理的角度看，处于激烈竞争环境中的学校，它所拥有的关于教育教学管理方面新知识的多少，将会对学校的生存、发展产生重要影响。

学校要研究新时代社会生活对知识的要求，研究学生身心发展规律、教育发展规律和管理对知识的有效储存、激活，进而增进有用知识的范式，使其在学校组织成员之中逐渐产生作用。知识管理理论不仅为学校管理学研究提供了新的视角，也为基础教育信息资源服务体系构建提供了新思维。

根据知识管理的理论，知识使用者之间建立起知识性关系，通过对知识的选择、组织、测试和时间的安排来规定学习什么、何时学习以及如何学习，不断在常识与理论化的不同方面提高其抽象的形式化程度。师生间这种知识性关系体现了知识传递的基本功能，还暗含了权力的分配和社会控制的社会学原则（伯恩斯坦，2002）。

信息时代，海量资讯，一线教师忙于教学，很难像专业人员那样能够有充足的时间和精力大量阅读报纸杂志或上网查阅资料。然而，占有丰富的资料、拥有新的信息是从事教育工作和教学研究的基础。其理论的运用与原则的坚持、方法的选择与使用、过程的操作与观察、结论的获得与运用都强调规范性和科学性，加强学校知识管理，提供指导、帮助和服务尤为重要。

加强学校知识管理，学校要强化教师的理论学习，扩大教师的视野，使他们不仅掌握本学科的知识，也了解相关的社会科学学科和技术；提高他们吸收和运用信息的能力；提高他们综合研究的能力，包括设计方案，搜集和处理资料、调查和提炼研究结论的逻辑思维能力。此外还要正确处理理论学习与实践活动的关系，做到整体与专项相结合、集中与分散相结合、全面评估与跟踪指导相结合。

加强学校知识管理，学校要创造条件，建立课题研究资料库、校本课程资料库、校本教学资料库等适合教师使用的、富有特色的学校教育科研资料库，为教师开展教育科研提供信息服务。

要建立知识分享平台，学校可以通过开展专题讲座、学术报告、组织理论学习，形成浓厚的理论学习氛围；通过开展备课、说课、公开课、教学技能竞赛等专题教研活动，形成浓厚的教学研究氛围；通过开展专题研讨、教育论坛、论文交流与评比、成果展示、经验交流、编辑文集、出版刊物等活动，形成浓厚的学术交流氛围，建立教师学习型组织；通过与高校科研机构合作，建立大、中、小学教育研究一体化工作机制。

网络是多主体、跨时空、低成本、高效率的载体。学校教育信息资源具有开放性、共享性、交互性、协作性等特征。学校要通过网络在线学习、专家引领、同伴互助等形式，实现教师与教师、教师与专家之间"穿越时空"的沟通与交流，同时也为专家直接获取一线教师的意见和经验提供最快捷的渠道。

按照知识管理理论，学校的各种需求和发展差距，恰恰是学校知识管理的创新点和学校资源建设的生长点。学校师生员工在工作、学习过程中学习理论，掌握信息，分析典型，更新观念，将促进决策与管理的科学化、民主化，改善管理方式，提高管理效能。教师结合教育教学的实际问题，开展研究，探讨规律，撰写论文，获得改进教学方面的新知识，特别是进行教育实验，在实践中探索和总结，然后又回到实践中去运用和完善。这样既改进了教育教学工作，也丰富了学校教育资源。

我国基础教育信息资源建设从早期资源素材的建设发展到资源管理平台建设，直至资源应用平台建设，其体系正在逐步完善。

（二）知识集成工具——知识基元分类模型

伯恩斯坦（2000）用"分类"和"架构"等概念来考查知识的有效表达。"分类"指知识内容之间的联系，涉及内容之间差异的性质；"架构"指传递与接受知识的背景形态。由于教育知识的分类和架构不同，知识可分为集合编码和整合编码。集合编码体现在一种公认的架构中。在这样的情境中，知识倾向于通过强架构而得到传递，这种关系性知识具有高度的单项选择性。而整合编码，在内容上要求从封闭走向开放，在分类界限上从清晰走向模糊，强调各种认知的方式。这种关系性知识的建构倾向于从知识的表面结构进展到深层结构，进而有机会实现新的现实，或获得关于新现实的可能性的经验知识。

人类的知识系统发生了重要变化。知识的整合编码从封闭走向开放；学习从知识的表面结构进展到深层结构，达到新的现实，获得新的经验与知识。因此，信息使用者之间的知识性关系的建构意味着新的"知识创造"或"知识改造"。

（三）基于知识基元分类模型的基础教育信息资源知识体系

资源是指自然界和人类社会中一种可以用于创造物质财富和精神财富的具有一定量的积累的客观存在形态。它是一切可被人类开发和利用的物质、能量和信息的总称。马克思在《资本论》中说："劳动和土地，是财富两个原始的形成要素。"恩格斯的定义是："其实，劳动和自然界在一起才是一切财富的源泉，自然界为劳动提供材料，劳动把材料转变为财富。"马克思、恩格斯的定义，既指出了自然资源的客观存在，又把人（包括劳动力和技术）的因素视为财富的另一不可或缺的来源。可见，资源不仅包括自然的，还包括人类劳动的社会、经济、技术等因素，以及人力、人才、智力（信息、知识）等。

信息化浪潮席卷全球，信息技术日益渗透到社会的各个方面，信息的属性及其重要性越来越为人们所重视。经典信息论的创始人香农认为，信息是消除不确定性的东西。控制论的创始人维纳认为，信息是有序性的度量，也是系统组织程度的度量。管理学家西蒙提出，信息是影响人们改变对于决策方案的期待或评价的外界刺激。

信息资源是文件、资料、图表与数据等的总称，涉及产生、获取、处理、存储、传输与使用环节等，贯穿于社会生活的全过程。广义的信息资源是指人类社会信息活动中积累起来的信息、信息生产者、信息技术等信息活动要素的集合。狭义的信息资源是指人类社会经济活动中经过加工处理有序化并大量积累起来的有用信息的集合。

随着现代信息技术在教育中的应用，教育信息也成了一种资源，指经过数字化处理，可以在多媒体计算机上或网络环境下运行的多媒体信息材料，是供师生或社会通过自主、合作等方式来寻找和处理的客观存在物。从广义上来说，教育信息资源指教育过程中师生所接触、获得的信息，既包括现实生活中的资源，如教科书、参考书、报纸、杂志等，也包括多媒体形式的数字化的资源。从狭义上来说，教育信息资源指以数字化、网络化为技术特征的信息资源，信息技术环境下的教育信息材料以及为达到某种教学目的的教学支撑系统软件与资源管理软件系统等，包括数字音频、数字视频、多媒体教学软件、教育网站、电子邮件、在线学习管理系统、计算机模拟、在线讨论、文件等。

参考相关专家意见，基础教育资源知识应包含下述两种类型的知识，如图 3 – 1 所示。

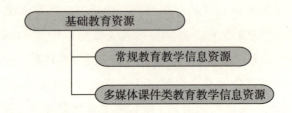

图 3 – 1　基础教育资源知识总体分类框架图

常规教育教学信息资源的知识基元分类模型如图 3 – 2 所示。

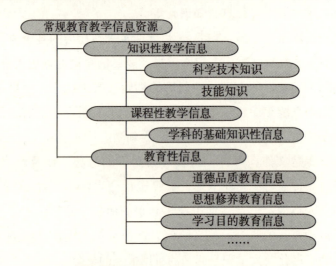

图 3 – 2　常规教育教学信息资源的知识基元分类模型

多媒体课件是用于教学的软件，从学习理论与认知心理学角度对教学过程进行设计，为用户提供多媒体教学信息，从而实现对教与学的过程进行控制。

（四）基础教育信息资源数据特点

作为经过数字化处理，可以在多媒体计算机上或网络环境下运行的多媒体信息材料，教育信息资源是可供师生或其他用户通过自主、合作等方式来寻找和处理的客观存在物，它具有多样性、便捷性、共享性、时效性、交互性、广泛性与创造性等特点。

教育信息资源的网页文本同普通文本相比，具有以下特点：（1）采用 HTML 与多媒体技术，比普通文本具有更强的表现力；（2）网页之间的超链接可以给网页分类带来很大的便利；（3）中文网页不像英文网页那样使用空白符间隔每个单词，所以中文网页需要分词处理，分类也比普通文本分类复杂。

基础教育信息网页不仅具有以上特点，而且还具有自身独特的特点。这里所讲的基础教育信息网页包括三类，即基础教育信息资源、基础教育空中课堂和基础教育远程培训。它们具有以下特点。

（1）信息集中。三类基础教育信息网页满足"二八定律"，即80%的网页信息集中分布于不到20%的大型基础教育信息网站上。

（2）网页标题内嵌分类信息。对于基础教育信息资源网，其标题包含了丰富的分类信息，网站为我们提供了各种专题的教育资源，比如思想品德、数学、音乐、历史与社会等专题信息；另外还有按年级的分类信息。基础教育空中课堂也有类似的分类信息。基础教育远程培训包括培训公告、课程引导、课程作业等分类信息。

（3）网页设计的基础教育信息种类较少。现实生产生活中有很多需要教育的方面，但是网页上提供的教育分类很少。例如，宗教、劳动技术、旅游等方面的教育内容就很难在网上找到。

二、本体理论及其在信息技术中的应用

（一）本体理论概述

近年来，本体与本体工程在信息工程及其相关的应用领域获得广泛的关注。本体论原是哲学概念，研究客观事物存在的本质。有人认为本体是给出构成相关领域词汇的基本术语和关系，以及利用这些术语和关系构成的规定这些词汇外延的规则的定义。中国科学院李景博士（2004）提出：本体是一个关于某些主题的、层次清晰的规范说明，是一个已经得到公认的形式化的知识表示体系，包含与某一专业领域相关的用来描述术语的含义与术语间关系的词汇表，具有以下要素。

1. 声明：用于说明本体所表示的知识范围、主体，以及它的主要用途。

2. 公理：一阶谓词逻辑的表达式。

3. 概念：也称为类，是相似术语所表达的概念的集合体。

4. 属性：用于描述类中的概念，具有限制类中的概念与实例的功能。

5. 函数：关系的特定表达形式。

6. 实例：也称个体，是本体中的最小对象，具有原子性。

（二）本体的分类

不同的研究人员和组织机构从不同的角度对本体进行了定义，其对本体研究的侧重点也有所不同。具体来讲，可以把本体分为以下四种类型。

1. 领域本体：对特定的应用领域抽象领域知识的结构与内容加以约束，形成表达特定领域中具体知识的基础。

2. 通用或常识性的本体：定义关于世界的通用性知识的基本观念与概念。

3. 应用本体：对特定应用领域知识建模的抽象定义。

4. 表示型本体：描述在知识表示形式化背后的概念化，提供表示框架，而不描述什么应该被表示以及怎样表示。

另外一种常见的分类方法是从结构数量与类型角度将本体分为以下三种类型。

1. 术语学本体：定义了从不同方面表示知识的术语。

2. 信息本体：定义了数据库的记录结构。

3. 知识建模本体：定义了知识的概念化。

（三）本体理论在信息技术中的应用

本体是用于信息管理的一个主要的技术，因为本体提供了通用的表现形式和语义学。它构建了一种对某一领域通用和共享的理解，从而可以在人们和应用系统间进行交流，在信息检索、信息集成、信息分类、信息抽取方面有广泛的应用。

1. 信息检索：本体用于信息检索时主要有以下三方面的作用，即提供查询扩展术语、执行文献的语义索引和组织查询结果（Antonio J Y，Rafael BL，Dietrich RS，2010）。本体提供词汇、概念规范化，并且提供不同的关系类型。通过本体论，一方面可以把信息检索从基于关键词的层次提高到基于概念的层次，从而提高系统的查准率与查全率；另一方面可以对概念之间的相关性进行推理挖掘，从而满足用户进行智能化信息检索的需求（李学庆，2008）。

2. 信息集成：信息集成是对各种异构信息源提供统一的表示、存储和管理，屏蔽各种异构资源间的差异。信息集成的方法很多，而以本体为代表的基于语义的信息集成方法正成为当前相关研究领域的热点和难点。

（1）单本体方法：用一个全局本体来表示信息的语义，所有信息源必须通过某种方式与全局本体发生联系。全局本体的词汇是所有信息源词汇的综合，即信息源词汇的并集。该方法适用于待集成的所有信息源具有几乎同样的视图，对于影响概念化的信息源是敏感的。

（2）多本体方法：每个信息源由自己的局部本体描述，即可以为每个信息源抽象出单独的本体。该方法的优势在于不需要全局本体，各个源本体可以独立发展，本体结构很容易变换。但在实践中，内部本体很难定义。

（3）混合方法：建立在一个共同的词汇表上，每个信息源用自己的本体描述。共享的词汇表包含某个域上的基本术语，共享词汇表的应用使得源本体兼容并避免了多本体方法的不足。但其缺点是已有本体的重用不方便，必须从头开发。

3. 信息分类：随着信息技术的高速发展和广泛应用，我们在海量数据中花费太多的时间挖掘我们所需的数据，一个解决方法就是研究隐藏在语义网后面的概念，而语义网是按照本体的准则构建的。除了促进语义网的信息发现进程外，本体还提供了一种使计算机能够交换、发现、识别文本的信息。

4. 信息抽取：信息抽取的任务就是从自然语言文本中识别、搜集和规范相关的信息，并且产生一组目标知识结构作为输出。这些目标知识结构由一些给定的本体所限定。这些本体代表了讨论中的领域的模型，同时对具体的相关信息做出说明。

近几年，有人研究将本体用于基于 Agent 的通信技术。在基于 Agent 的仿真系统中，Agent 之间的协作和通信问题一直是研究的热点和重点，而 Agent 的通信问题又是 Agent 协作的前提。目前存在的 Agent 通信语言只规范了通信行为，而没有规范通信内容。本体论作为一种知识表示方法，利用它对 Agent 通信内容进行规范化表示是一种可行的方式（杨建池，等，2007）。

（四）本体表示语言

本体表示语言也称构建语言或标示语言，是表示本体的一种语言工具，可以提供建模元语、标引工具与标准形式化语言表示等功能。

本体表示语言的演变过程如图 3 - 3 所示。

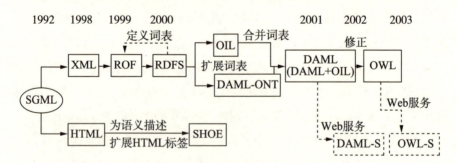

图 3 - 3　本体表示语言的演变过程

本体表示语言有基于谓词演算的本体表示语言，例如 KIF、Ontolingua、CycL、Loom；基于图的本体表示语言，例如 WordNet 的语义网络、概念图；基于 Web 的本体表示语言，例如 XML、XOL、RDF、

OIL、OWL。

本体理论对构建基础教育信息资源服务体系具有很强的指导意义。本体提供了一个通用的表现形式和语义学，它为基础教育信息共享构建提供了一个通用和共享的理解，从而可以在人们和应用系统间进行交流。本体是用于信息管理的一个主要的技术，在信息检索、信息集成、信息分类、信息抽取方面有广泛的应用。基础教育信息资源服务体系在这个理论指导下，建立概念模型和明确的信息检索、信息集成、信息分类、信息抽取规范说明，使其能在互联网上有效使用，使其更适用于网络环境。

三、领域本体的构建研究

（一）领域本体的构建原则

目前，本体建立的方法还不多，这些方法的相同点是以本体的应用为出发点进行设计。北京基础教育信息资源服务体系的研究对象是各种教育资源，可以从概念、关系和属性集的角度建立基础教育的领域本体。由于本体的建立还未形成标准化的过程，所以，在建立本体的时候，不同的研究团队遵循的构建原则、设计标准和建立步骤也有所不同。但是一些基础规则是需要我们共同遵守的。

1. 本体要具有明确性与客观性，是对现实世界的反映，本体中的概念也必须能够反映现实世界。用来定义本体的术语必须要有明确的语义，并且使用的术语要脱离特定的语言环境，也就是说，要尽量用自然语言对术语进行定义。对本体进行定义时，应尽可能根据国际、国内已有的标准选用术语，因为标准化术语的明确语义和规范形式能够提高本体的共享性。另外，本体应尽量不用简称和缩写。

2. 一个本体要前后一致。换句话说，根据其推断出的定义要与本体中的概念定义保持一致。至少所有的公理在逻辑上应保持一致。非形式定义的概念也应该具有前后一致性，比如用自然语言或者实例描述的概念。具体体现在以下两个方面。

（1）本体的定义具有一致性，当且本体的定义与现实世界没有矛盾。建立本体就是为了实现对现实世界的建模。

（2）本体定义具有推导一致性，也就是说，从所有本体定义和公理进行推导，不会推导出矛盾的知识。如果根据一组公理，推导出来的句子与一个非形式化的概念或实例是矛盾的，那么这个本体就不具有一致性。

3. 由于领域知识在不断更新和发展，所以，对领域知识没有形成标准化、统一的建模方法，因此，设计本体一般都是基于应用的。

4. 对本体的开发是一个重复的过程，不完整性是本体开发面临的基本问题。实际上，很难证明一个本体是否具有完整性，或本体定义是否具有完整性，但是可以通过证明个体定义的不完整性，从而推导出本体的不完整性。

5. 可重用性是面向对象思想的主要优势。在构建本体的过程中，可以基于概念分类，通过多层次与继承机制减少重复定义。

6. 构建本体要简要明了，本体中不存在多余、不必要的无用或重复信息。本体定义中不存在冗余知识，而且也不能从本体定义和公理中推导出冗余知识。

7. 可扩展性是指不改变已定义好的本体，即可以在本体中增加新的定义和新的知识。

（二）领域本体的构建方法

目前，人们主要是采用手工方式构建领域本体，工程性的本体构建方法还不成熟。因为每个本体开发团队都拥有一套自己的原则、设计标准，缺少一致认同和遵循的开发方法，从而难以实现本体的共享、重用和互操作。

总的说来，目前相对成熟的本体构建模式主要有以下三种。

1. 爱丁堡大学根据 Enterprise Ontology 的开发经验提出 Uschold 的本体建立模式。该模式提出构建本体的四个主要步骤如下。

（1）明确建立本体的目的和所建本体的范围。

（2）通过本体获取、本体编码和本体集成三个子步骤实现本体的建立。

本体获取：包括标识关键概念和概念关联、产生无二义性的自然语言定义、指定标识这些概念和关联的术语。

本体编码：用一种形式化的语言表示上述概念和关联。

本体集成：集成已经获取的概念或关联的定义，使它们成为一个整体。

（3）评价所建立的本体。

（4）形成文档。

通过采用该模式人们已开发出主要用于企业模拟的 Enterprise Ontology，组成该模式的术语与定义主要与企业相关。

2. 多伦多大学的 Grüninger 和 Fox 从具体的本体构造过程中总结出一种本体建立模式。在 TOVE 项目中，Grüninger 和 Fox 等人基于本体构建了企业进程或活动的逻辑模型，他们用该本体通过演绎推理阐明了一些企业运行等相关方面的问题。在构造该本体的过程中，他们提出本体开发过程如下。

（1）收集应用情境。该项目团队认为应该根据实际的应用进行本体的开发，如果现有本体不能完全解答问题，就产生开发新本体的需求，那么，这些应用情境就能够为这些问题提供解决方案，这些方案就可以作为要定义的本体概念和关系的内在语义。

（2）形成非形式的本体能力问题。基于上述应用情境，以问题形式提出本体的构造需求。即需要构造的本体必须能够运用自身术语、定义或公理表示所形成的问题，并产生这些问题的答案。因此，这些问题既是对构造本体的约束，也是对所构造本体的评价标准。

（3）抽取和定义术语。首先将涉及的词汇从上述问题中抽取出来，然后通过一种形式语言进行定义，如 KIF。

（4）形式化表示问题。所要表示的问题通过所定义的词汇进行表示。

（5）定义关于本体词汇的公理。形成的公理需要进一步定义本体词汇的语义和约束，在 TOVE 项目中，用一阶语句表示所有的公理。针对本体的完全性问题，可通过这些公理回答所有本体能力问题的情况来判断。

如果足以回答，则相对于这些问题的本体是完全的，否则就要定义新的术语和公理。

TOVE 的企业本体就是运用此模式开发出的本体，主要用于构造虚拟企业，组成它的术语和公理主要与企业进程和活动相关。

3. 西班牙马德里理工大学人工智能实验室提出 METHONOTOLOGY 本体开发模式。与前两种方法相比，这种本体开发方法与软件工程开发方法更为接近，这种方法对本体开发进程和本体生命周期进行了区分，并运用不同的技术给予支持。其中，本体的开发过程主要包括项目管理活动、支持活动和以开发为导向的活动。项目管理活动主要是对本体开发项目的计划、控制和质量保证；以开发为导向的活动主要包括规格确定、概念表达、形式化表达和实施等步骤；支持活动是伴随着以开发为导向的活动的进行而展开的，主要包括知识的获取、知识的评价、知识的整合、文档的产生和配置的管理。此外，基于进化原型理念，该模式提出整个本体开发过程可以用本体生命周期的概念进行管理，从而使本体的开发过程与软件工程的开发过程更相近。

本体构造方法基于知识系统的开发，但一般开发知识系统的方法对本体的开发并不完全适用。因为，在开发基于知识的系统时，难以对系统在应用领域中的工作方式进行具体、完整的定义，所以通常用进化的原型系统方法来开发基于知识的系统。开发本体是为了实现人类或计算机对知识的共享和重用，所以，它应该具有相对稳定性，不能只针对具体的应用。在本体开发之初就要详细地说明模型中涉及的概念、实例、关系和公理等实体，至少要明确用以描述这些实体的大多数词汇。

本书在现有系统开发过程的基础上，采用本体建模的生命周期，综合了现有的本体开发的方法、步骤和设计标准，对北京基础教育信息资源服务体系展开研究。本书将本体开发的生命周期分为规约制定、概念化设计和实现三个主要阶段。贯穿整个开发过程的是评测、集成和文档编写，知识的获取则集中在规约制定和概念化设计两个阶段。

（1）规约制定阶段：主要通过文档的形式对开发本体的目的和所属领域背景进行详细说明，并预期开发本体的应用前景。这一阶段的中间成果主要体现为包含本体开发目的和领域的详细说明书，说明书的形式需要根据预期的最终用户确定。

（2）概念化设计阶段：这一阶段主要是统一开发人员对领域认识的概念化模型，并以一种明确的方式对统一的概念化模型进行详细记录。

（3）实现阶段：该阶段的主要任务是使用形式化语言描述概念化设计阶段产生的领域概念模型，有助于计算机理解和处理概念化模型，并编码实现。这里将使用的形式化语言称为目标语言，要依据具体的应用对目标语言进行选择。

由于系统开发的阶段性，开发的每个阶段都会产生相应的中间结果，并有应对中间结果的标准和进行的假设；每个阶段都可能集成领域内已有本体和其他成果，而且需要对每个阶段所做的工作进行记录。所以说评价、集成和编写文档贯穿于整个开发过程中。

（三）基于领域本体的基础教育资源知识的表达

在任何领域内，最基本的知识构成都是知识、概念、属性和关系。在构建本体时，要确定本体所属领域，从而确定该领域涉及的概念、属性和关系。

概念是指客观存在的事物在人脑中的反映，反映了事物的本质，能够概括地表征一类事物。"概念"既可以表征具体的客观事物，也可以表征抽象的事物。如："教育资源"是一个概念，"教学课件"则是比"教育资源"更为具体的概念，是对"教育资源"的实例化表达。

属性是对某一概念中实例的相关特性的描述，是反映概念特性的一元谓词。如"课程名称"是"精品课程"的一个属性。概念与属性间没有绝对界限，其实，"概念"的"属性"还是一个"概念"。每个概念都对应着一个属性集。

关系是反映多个概念内在联系的多元谓词。如"引起"是一个二元谓词，表示两个概念之间的因果关系。关系通常表示一个命题或断言。

通过对教育资源知识进行研究，我们发现教育资源有很多属性，这些属性包括：资源名称、创建者、主体内容、资源描述、资源格式、应用范围、资源类型、索引关系等。为了更清楚地说明我们的本体设计思

想，我们给出教育资源本体的部分定义，图 3 - 4 所示为基于 XML 的基础
教育资源领域本体的形式化表示。

```
< ? xml version = 1. 0 encoding = " GBK"  standalone = " yes" ?  >
< defontonlogy >
   < ontology Name > Name </ontology Name >
      < Body Section >
      < Attribute Section >
         < Attribute_ 1 >
            < AttributeName > Name </AttributeName >
            < AttributeValue > Value </AttributeValue >
         </Attribute_ 1 >
         …………
         < Attribute_ n >
            < AttributeName > Name </AttributeName >
            < AttributeValue > Value </AttributeValue >
         </Attribute_ n >
      </Attribute Section >
   </Body Section >
   < Relation Section >
      < Relation_ 1 >
         < RelationName > Name </RelationName >
         < Type11 >
            < TypeValue > Value < Typevalue >
         </Type11 >
         </Type12 >
            < TypeValue > Value < TypeValue >
         </Type12 >
         …………
         </Relation_ 1 >
         …………
         < Relation_ n >
         < RelationName > Name </RelationName >
         < Typen1 >
         < TypeValue > Value < TypeValue >
         </Typen1 >
            < Typen2 >
            < TypeValue > Value < TypeValue >
         </Typen2 >
         …………
      </Relation_ n >
   </Relation Section >
< Documentation Section >
   < Creator >
      name of knowledge engineer
   </Creator >
   < Source >
```

图 3 - 4   本体框架

（四）基础教育资源本体库构建

教育资源本体库是北京教育信息资源服务平台框架进行信息共享的信息基础，教育资源本体库的构建应参考 EMIF（即软件互操作）规范，类和属性的建立都需要进行规范的定义。本体知识库能够为各层之间提供具有语义的教育信息资源知识本体，平台利用本体在网络上良好的共享性和语义性，为北京教育信息提供智能的语义匹配，同时，规范的定义也有助于平台的后续扩展。

1. 教育领域本体分析。

构建教育资源本体库是为了进一步建立基于 EMIF 规范的信息库和有利于数据汇集的引擎基础。在规范的教育资源本体库中，可以汇集来自于不同区域学校和研究机构的教育资源信息。教育资源本体库是北京教育信息资源平台框架的信息基础。本书通过对教育领域的分析，参考教育资源管理信息系统 EMIF 规范，抽取主要的关键词作为构建教育资源本体库的基本框架，如图 3 - 5 所示。该框架的主要目的是实现信息的纵向传输和横向交换。在信息纵向传输方面，最主要的标识是学校基本信息、师生基本信息索引和包括课程、专业和科研等内容的教育资源基本信息及各项统计数据。在信息横向交换方面，主要是教育资源中各类课件资源、教研和科研动态等信息。在本体库构建中，将 XML、HTML、Database 等作为基本的文档格式进行信息抽取，通过分析这些文档数据，实现智能化抽取和汇集本体知识。

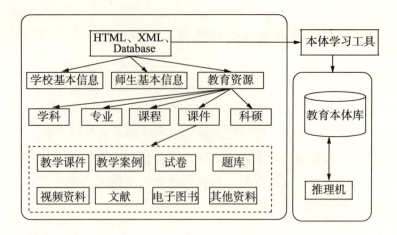

图3-5 教育资源本体库的基本框架

2. 基础教育资源本体的建立。

对于基础教育资源本体库的构建，建立本体的语言采用 OWL DL（Description Logic，描述逻辑），对本体的建立采用自上而下、由一般到具体的建立方法。

（1）在构建基础教育资源本体库之前，需要确定构建的目的和涉及的领域范围。基础教育资源本体库的构建目的主要是建立基础教育资源领域中所涉及的各种实体与资源之间的关联，通过建立本体清楚地了解各相关的基础教育资源概念与约束条件。根据上述目的可将其整理为如下几点。

① 建立基础教育资源本体的因由及要解决的问题。

基础教育资源本体作为数据汇集层的基础，可用于计算机自动化信息会聚。它要解决的问题是构建规范的基础教育资源知识本体，并利用数据转换引擎会聚教育资源系统层的基层信息。

② 基础教育资源本体涉及的概念范围。

基础教育资源本体构建过程中涉及的主要概念有：学校基本信息、课程、教师、学生、课件、教研、教学、图书等。

（2）对本体库的词典进行定义。根据基础教育资源本体的领域特点，找出和基础教育资源领域相关的词典，统一概念，以规范词典语义，应尽量选择基础教育领域中已达成共识的、被大家熟悉和认可的知识。相关实体描述列举如下。

① 学校：学校代码、学校名称、学校英文名称、所在地行政区划、学校校长、学校主管部门等。

② 学科：学科代码、名称等。

③ 专业：专业代码、专业名称、设置时间、学制、学科等。

④ 课程：课程编号、名称、简介、学时、学分等。

⑤ 课件：课程编号、名称、简介等。

⑥ 学生：学校代码、学号、姓名、性别、入学年月、民族、班号等。

⑦ 教职工：编号、姓名、性别、民族等。

⑧ 科研：编号、学校代码、项目名称、项目负责人等。

⑨ 教研：编号、名称、内容等。

（3）对属性进行识别与建立。属性可以分为数据属性和对象属性两种。

数据属性和对象属性都具有定义域、值域和公理，且两者的定义域分别决定着两者可以在哪一类别中使用。但是，数据属性的值域与对象属性大不相同。数据属性的值域是具体的数值，主要限制包含 String、Integer、Boolean、Float、Symbol，可以使用 Xml、Schema、Datatype，但是，在填入实例时必须要符合其数据类型限制；而对象属性的值域则是类的实例而非具体的数值。数据属性的公理可以使用 Functional，如果一个属性 P 被声明为 Functional，那么对于每个个体属性最多只有一个值；对象属性可使用的公理则较多，包含 Functional、InverseFunctional、Symmetric、Transitive、Inverse。

（4）建立实例。本书所建立的实例包含三部分：预定义实例、文档映射实例和测试实例。

① 预定义实例：主要是为学校、课程、教师、学生等预先定义好实例。

② 文档映射实例：可以通过数据引擎抽取和转换教育资源系统层节点中的数据，进一步汇集为本体库中的实例。

③ 测试实例：由开发人员将用于测试推理的查询实例作为初始化条件进行输入，经过首次推理后可形成初始化的 OWL 知识库。

第四章
基础教育信息资源服务体系构建的技术基础

从 20 世纪 60 年代末出现因特网的雏形起，经过 40 年的发展，计算机信息网络已经成为世界上覆盖面最广、规模最大、信息资源最丰富的信息体系。越来越多的人习惯于在网上发布和获取信息，利用信息检索技术从海量数据和信息中发现和挖掘有用的信息和数据。

在现代信息技术条件下，借助于知识管理思想和本体理论，对规模分散、杂乱无章的基础教育信息资源进行整合，将各种载体、各种来源的教育信息资源，依据一定的规则进行评价、类聚、排序、建库等加工，形成教育发展需要的信息体系，这只完成了工程的一半。如何使人们能够通过统一的检索平台查找和浏览相关信息资源，更有效地利用教育信息资源，还要有大量的技术工作来支撑。个性化的信息检索技术和基于云计算理念网络体系的优化是基础教育信息资源体系成为一个高效能系统的技术基础。

虽然云计算技术的发展正处于起步阶段，但其发展将会改变计算资源的传统使用方式，大大提高信息资源的利用率，因此，我们应借鉴云计算技术思想对基础教育信息资源体系进行优化建构。

一、个性化的信息检索技术

信息检索技术主要解决信息的描述、存储、组织与访问问题，用户提交查询要求后，从数据库中检索出相关信息。信息检索的主要目的是对信息表示、存储与组织，使用户更容易得到所需要或感兴趣的信息（Zhang Shudong，2011）。

（一）信息检索技术的发展趋势

1. 信息检索存在的问题。

语言方面：信息检索一般都用自然语言标引与检索，检索精度不够高，不能完全满足人们的检索需求。

内容方面：由于网络信息丰富，难以准确检索出用户所要查询的信息，经常返回与检索内容不符的信息，增加了检索量，同时查询方式也比较单一。

对象方面：由于不同用户有不同层次的需求，如何更加人性化、使检索更准确，是需要改进的问题。

2. 信息检索相关问题的应对策略。

语言方面：用户提出检索需求后，通过语义关系词典，形成一个知识概念网络，给用户知识提示，最终辅助用户获得最佳的检索结果（Isabella P，Wolfgang G，2010；Ian C，2009）。

内容方面：提高内容分析，过滤与检索无关的信息，不仅可以检索标题与全文，还可以进行音频与视频检索。

用户界面方面：用户界面的易用性是评价检索的重要指标，友好的用户界面不仅支持多语言、多种逻辑方式、多种角度的提问，而且可以降低用户的学习成本。

技术方面：在完善自动标引、自动文摘、自动跟踪、自动漫游等检索技术的基础上，引进学习智能体、知识共享智能体等更新的高级检索技术。

3. 现代信息检索技术的发展方向。

跨语种检索：是指用户提交查询后，系统在多语言的数据库中进行信息检索，利用机器翻译技术返回多语言的文档。

智能化信息检索：系统根据用户所提供的用自然语言表述的检索要求，辅助用户完成选词、选库与构造检索式，进行自动推理查找，返回系统对知识库检索推理的结果。

可视化信息检索：由于人们获取的信息70%来自视觉，而且图像较容易记忆，能更有效地传达某种信息，所以可视化检索具有独特的优势。

个性化信息检索：是指能够为具有不同信息需求的用户提供个性化检索结果的技术，即对不同用户提交的同一查询词语，能按照不同的用户需求而生成不同的检索结果（李树青，2009）。

跨媒体信息检索：能够兼容文本、图像、视频等不同类型的多媒体数据，与传统检索方法相比，检索结果更丰富。

（二）特定结构化信息的过滤与抽取模型

自动文本信息抽取是指从结构化或自由文本中自动抽取相关的或特定类型的信息。

1. 网页信息描述。

采用层次树的形式表示网页信息，网页是由 Token 组成的层次树，用 N、P 表示网页中的数字、标点符号，从上级节点中提取各个下级节点，从而获得下级节点在上级节点中开始与结束的识别规则。基础教育资源网网页结构如图 4-1 所示。

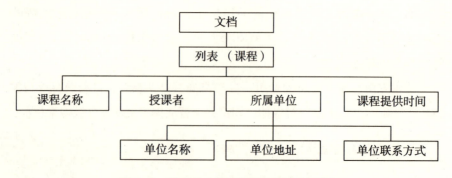

图 4-1　基础教育资源网页面层次树示例

2. 包容器定义。

对规则学习的过程的描述，需要给出一些相关的定义。

3. 算法设计。

穷举下级节点 x 的模式空间，找到所需模式，这是个 NP 完全问题，采用启发式方法，以网页标记、标点与分隔符等标记顺序为序列，选取最长序列。

（三）大规模文件索引技术

1. 全文索引结构。

（1）索引文件。索引文件是为提高文件检索效率而建立的索引表，每一项由一个关键字值与索引指针构成。有时需要应用多种条件组合进行过滤，过滤后可能还要按某种指标进行排序。例如，对于基础教育资源，过滤的条件可能会很多，如可以指定一级分类（如历史）、二级分类（如中国）、三级分类（如封建社会），可以指定某个朝代，还可以指定特定的领域（如经济领域、政治领域、文化领域）。这些条件还可以进行组合，比如指定唐朝在军事领域的改革。

用数据库来做这类应用的代价很大。对于数据库应用，一个基本的原则是：一种选择条件组合和排序组合对应一个索引，否则性能就不好。如果选择条件没有对应的索引，则可能要做表扫描或不理想的索引扫描，如果排序没有对应的索引，每次都需要找出所有满足过滤条件的记录然后排序。这样，对于上述复杂应用，便可能需要建 50 个索引。问题是数据库一般支撑不了这么多个索引，索引越多，更新的性能越差。有几十个索引的数据库设计是很罕见的。

这类应用的解决办法是用位图索引。位图索引的基本原则是：一个基础的选择条件和排序组合需要一个位图索引，这里"一个基础的选择条件"指的是在单个属性上的条件。用位图索引时，选择条件组合时不需要预先建好索引，在求解时通过对基础的几个索引进行 AND/OR 位操作，可以很快计算出结果。这样，使用位图索引时就不存在条件组合爆炸的问题。而且，同样一个索引，使用位图索引实现比起用数据库里的 B＋树索引实现，占用的空间开销一般会小一个数量级。

（2）署名文件。为每个文本设定一个宽度为 w 的矢量，将每个索引项根据散列函数映射到矢量中的某几位上，并将相应二进制位设为 1，所计算的二进制字符串即为该文本的署名。散列函数都有如下基本特性：如果两个散列值是不相同的（根据同一函数），那么这两个散列值的原始输入也是不相同的。这个特性使散列函数具有确定性的结果。散列函数的输入和输出不是唯一的对应关系，如果两个散列值相同，两个输入值很可能是相同的，但也可能不同，这种情况称为碰撞。通常是两个不同长度的散列值，刻意计算出相同的输出值，输入一些数据，计算出散列值，然后部分改变输入值。一个具有强混淆特性的散列函数会产生一个完全不同的散列值。

（3）倒排文件。在实际应用中，有时需要按某些次关键字的值查找记录，为此可以按次关键字建立索引，这种索引称为倒排索引，带有倒排索引的文件称为倒排索引文件，又称为倒排文件。倒排文件可以实现快速检索。倒排文件分为两部分：第一部分是由不同词项组成的索引，称为词表；第二部分由每个词项出现过的文档集合构成，称为记录文件，每个词项的对应部分称为倒排表，可以通过词表访问。索引文件的每个数据项由关键字与指向记录文件的指针组成，记录文件的每个数据项记录与一个词对应出现的文档列表。

倒排文件技术是一种检索系统常用的数据组织技术。它结构简单，检索效率高，能迅速定位所需资源的位置，是大规模、高效率的检索系统的基础。它主要有以下两种形式。

①基于属性的倒排：在一个结构文件中存放记录，每个记录由属性组成。表 4－1 所示为课程的部分信息。

表4-1 主文件

课程号	课程名称	课程属性	教 师	时 间	所属单位
1	昌盛的秦汉文化	初中历史	张三	2008年3月	A中学
2	并联电路的规律	初中物理	李四	2007年4月	B中学
3	文艺复兴	初中历史	王五	2009年3月	C中学
4	保护生物多样性	初中生物	张三	2010年5月	C中学
5	……	……	……	……	……

例如，检索某属性是指定的课程的记录，如果不使用倒排表，则只能按顺序读取记录，判断是否满足条件，检索效率非常低。而利用倒排技术查询，则可以大大提高检索速度。倒排表设计如表4-2所示。

表4-2 倒排表文件

课程属性倒排表	编号#
初中历史	#1，#3
初中物理	#2
初中生物	#4
……	……
教师倒排表	编号#
张三	#1，#4
李四	#2
王五	#3
……	……
所属单位倒排表	编号#
A中学	#1
B中学	#2
C中学	#3，#4
……	……
时间倒排表	编号#
2007年4月	#2
2008年3月	#1
2009年3月	#3
2010年5月	#4
……	……

例如，检索所属单位为 A 中学的所有课程记录，需要在倒排表中取出属性值等于 A 中学的那一行倒排表，所包含的编号记录就是需要检索的记录。

②基于文本的倒排：将文本看成一个关键词序列，其倒排索引文件就是一个已经排好序的关键词列表，每个关键词指向记录了其出现的文档以及位置的倒排索引表，如表 4 - 3 所示。

表 4 - 3 基于文本的倒排文件

关键词	倒排表（所在文档编号，出现次数，出现位置）
教育	(#33, 23, 115, 143) (#15, 23, 100, 219, 234, 270, 1143)
基础	(#29, 1, 26) (#42, 31, 319, 322, 826) ……
信息	(#28, 3, 4, 7, 8) ……

当要检索关于"教育"方面的文档时，由倒排表即可得编号为 33 与 15 的文档都包含教育关键词以及在文档中的位置。如果同时需要包含"基础"与"信息"的文档，则可将两个倒排表求交集。

（4）后缀数组。后缀数组是将字符串所有后缀排序后的数组，设原字符串 $S = x_0x_1\cdots x_n$，则定义子字符串 $S_i = x_ix_{i+1}\cdots x_n$ 为 S 的后缀。例如，原字符串 $S = abcd$，则后缀可以表示为 $S_0 = abcd$，$S_1 = bcd$，$S_2 = cd$，$S_3 = d$ 等。由于原字符串 S 可以非常长，一般的排序算法不能满足性能的需求，因此排序的研究是比较重要的一个领域。

后缀字符串的排序主要包括两种模式：①基于树结构的排序，这种算法的特点是可以在线性时间内求得后缀数组，但需要的存储空间比较大，所以实际应用不多；②基于数组结构的排序，这种算法由于采用结构简单的数组存储，所以算法实现比较容易。在后缀数组排序的众多研究中，快速后缀排序的性能最为突出，时间复杂度为 O（nlogn），空间复杂度为 O（n）。

2. 缓冲技术。

缓冲技术也是检索系统必不可少的技术。随着检索系统索引数据量和访问量的增大，提高系统性能和扩展性至关重要。缓冲技术的有效性建立于被缓冲对象的访问的局部性特征之上。对 Web 搜索引擎方面的缓冲技术已有很多研究，而对 P2P 系统中缓冲技术的研究则相对较少。虽然它们一个研究网页，一个研究文件，但它们存在共性，因为使用者较为关心的都是热门资源。

缓冲对象可分为三级：查询结果、中间对象、倒排表。

（1）查询结果缓冲。查询结果由与查询相关的文件描述属性组成，由所有索引处理机器返回的部分结果汇总整理而成，因此对查询结果的缓冲置于索引服务模块的最后一个环节。对于教育信息资源，可以采取以下机制。

第一，热门词缓冲生成。每天分析查询日志，提取热门查询词表，查询词数量视系统规模和热门度而定，然后提取所有热门查询词未经在线信息过滤的相关文件描述属性列表。

第二，热门词缓冲使用。当系统收到查询请求时，先判断查询词是否落在热门查询词表之内。若是，则提取热门词缓冲内容，接着进行在线信息过滤，最后将过滤结果返回给用户；否则将请求进行转发，等待其处理结果，最后将结果转发给用户。

（2）中间对象缓冲。检索过程中，需要信息文件、资源过滤属性文件和资源描述属性文件三种数据。信息文件记录其资源在资源过滤属性文件中的起始偏移和在资源描述文件中的起始偏移；资源过滤属性文件记录资源的各种参与过滤的属性；资源描述文件记录资源的各种属性，包括名字、路径、种类、大小和文件指纹等所有属性，是最终返回给用户的结果组成部分。

（3）倒排表缓冲。倒排文件是除热门词查询之外的所有查询的基础，被访问的频次很高。另外，索引词数目不多且单个索引词对应的倒排表占空间大，替换的代价比较高。因此对倒排文件的缓冲，应尽可能地提供较大的内存空间，保证倒排表缓冲的命中率比较高。

检索系统上的缓冲技术与操作系统内存和数据库缓冲技术有共性，但由于被缓存对象的差异，它又具有自己的特点。由于用户查询具有很强的局部性，所以可以缓存查询结果，这样会有很高的效率，如图 4－2

所示。

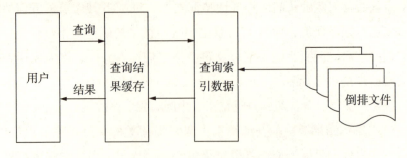

图4-2　检索系统缓存结构

与原系统相比，引入缓存机制后的检索系统通过缓存检索模块从索引库中查找并返回文件编号，提高了系统性能。

（四）面向垂直搜索引擎的个性化检索服务技术

传统的搜索引擎一般都是用户提交查询，系统在索引数据库中查找，返回检索结果。由于结果集通常十分庞大，因而怎样组织结果集展现形式，方便用户快速地找到需要的信息就成为一个十分关键的问题。虽然相关度排序能够将比较重要的结果输出给用户，但是由于一词多义与多词同义问题的存在以及用户职业、兴趣、年龄（比如初中生和幼儿）等各方面的差异，使得检索结果中含有相当多的不同主题，这些数据即使经过相关排序还是很难满足不同用户的要求。为了改进检索结果的质量，将查询结果以一定的类别层次组织，让用户能方便地选择查看类别，可以很好地缩小结果集，从而使用户能更快地查找信息。

基础教育资源分类是一个相当复杂的问题。除了教育资源种类繁多、数量惊人的原因外，还有分类标准不统一、现存诸多不同的习惯分法等问题。良好的分类机制能高效地实现对教育资源的组织管理与使用，LOM规范的第九个类别为教育资源的分类提供了很好的扩展机制。根据具体程度的不同，可以分为通用分类（一级分类）和二级分类，甚至三级、四级分类等。扩展的意义并不是给用户一个无限的空间，任由其随意建立分类体系，而是要求优先符合本规范所提供的分类标准，再根据实际需要建立自己的分类，但扩展的分类法不能取代本规范已有的分类标准。教育资源的分类方法有多种，按管理层次可分为个人资源、地方资源与国家资源；按办学层次可分为基础教育资源与高等教育资源；按构成状态可分为流动资源与固定资源；按政策导向可分为计划资源与市场资源。

常用的基础教育资源采用多层分类法。例如，艺术、历史、数学等类别为第一层次；其中历史又可以分为中国历史、欧洲历史等，这是第二个层次；而其中的中国历史又可包括中国古代史、中国近代史、中国现代史等具体的中国历史种类，这是第三个层次；中国现代史还可以分为新民主主义社会与社会主义社会两大历史阶段，这是第四个层次；以此类推，还可以继续分下去。这是由客观世界丰富的层次性决定的。

这种多层分类，对于人类来讲，是自然而容易理解的；但对于机器而言，就显得过于复杂且没有必要。因为太复杂的分类方法，必然会增加机器计算的复杂度，成倍增加对资源的需求，降低效率。从用户对分类的需求来看，也没有必要进行过于复杂的分类。

为了能够区分不同使用者的需要，可以将基础教育信息资源表示为两层的树状结构。第一层是基础教育资源大类，如数学、物理、天文、艺术等类，第二层是各大类所包含的具体基础教育资源种类，如物理中的杠杆原理、串联电路特点等。

基础教育信息资源分类模型由三个关键部分组成：数据采集、数据预处理与分类器（罗洁，2013）。数据采集主要解决数据的来源问题，数据预处理对原始文本进行加工处理，而分类器则实现了分类的功能，如图4-3所示。

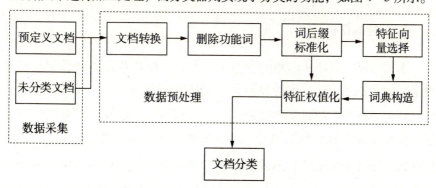

图4-3　分类模型结构图

常用的分类算法有贝叶斯算法、k－近邻算法、类中心分类法和支持向量机等几种。

1. 贝叶斯算法。

假定 p_1，p_2，…是某个过程的若干可能的前提，则 P（p_i）是各前提条件出现可能性大小的估计，称之为验前概率。如果这个过程得到了一个结果 A，那么贝叶斯公式根据 A 对前提条件做出新评价 P（p_i｜A），称 P（p_i｜A）为验后概率。

2. k－近邻算法。

k－近邻算法是一种常用的基于距离度量的分类方法。k－近邻技术假设整个训练集不仅包含数据集，而且包含每个元组期望的类别标签。实际上，训练数据就成为模型。当对一个新元组进行分类时，必须首先确定它与训练集中的每个元组之间的距离，然后进一步考虑训练集中与新元组相距最近的元组。新元组将被分配到一个类中，这个类包含了 k 个最近元组中的最多的元组。

3. 类中心分类法。

类中心分类法用特征向量 S 来表示每个类别，将待分类文本表示成文本特征向量 D，然后计算 D 与 S 的相似度，取相似度大的类别作为待分类文本的所属类别。

4. 支持向量机。

人类通过学习，从已知的事实中分析、总结出规律，并且根据规律对未来的现象或无法观测的现象做出正确的预测和判断，即获得认知的推广能力。在对智能机器的研究当中，人们也希望能够利用机器（计算机）来模拟人的良好的学习能力，这就是机器学习问题。支持向量机是一种比较好地实现了结构风险最小化思想的方法。它的机器学习策略是结构风险最小化原则，为了最小化期望风险，应同时最小化经验风险和置信范围。其基本思想是首先通过非线性变换将输入空间映射到一个高维特征空间，然后在这个新空间中求取最优线性分类面，而这种非线性变换是通过定义适当的内积函数来实现的。支持向量机算法相当于求解一个凸集优化问题，因此局部最优解就是全局最优解。将其应用于文本分类，相对于其他算法可避免向量维数过高及计算量太大等问题，是应用较多的一种分类器。

基础教育网网页有着结构性强的特点，而且在搜索引擎中的数据量规模比较大，用户对检索时间的要求比较高，因此在考虑这些特点并比较几种分类算法特点的基础上，我们认为 k - 近邻算法作为检索结果自动分类的算法比较理想，表 4 - 4 对比了这几种算法的优缺点。

表 4 - 4 算法优缺点对比

算法名称	计算类型	计算复杂度	性 能	存储空间
贝叶斯算法	概率计算	高	一般	一般
k - 近邻算法	相似度计算	一般	高	一般
类中心分类法	相似度计算	一般	一般	高
支持向量机	统计学习理论	高	一般	高

二、云计算的理论与技术

（一）云计算概述

1. 云计算的产生与发展。

分布式处理系统使得大量复杂的计算能在性能较好的服务器端运行，客户端只是作为一个简单的人机交互的界面，仅仅处理一些简单事务，同时一些重要的数据也能存储在服务器端以提高安全性。由于信息量与数据量快速增长，计算机的计算与存储能力满足不了人们的需求，虽然通过购买更多设备可以解决这个问题，却大大提高了成本，而且利用率也不高。在这种情况下，云计算技术应运而生。

云计算是通过互联网进行的，数据与服务都在"云端"，通过强大的计算能力为用户提供服务。2006 年，谷歌在"Google 101 计划"中提出了"云"的概念与基本理论。随后微软、惠普、雅虎、IBM 等公司都宣布了自己的"云计划"。继 2007 年 IBM 与 Google 宣布在云计算领域进行合作后，云计算迅速得到广泛的关注。

IBM 公司于 2007 年年底宣布云计算计划后，在 IBM 技术白皮书（Cloud Computing）中对"云计算"进行了定义：云计算一词用来描述一个系统平台或者一种类型的应用程序。一个云计算的平台按需进行动态地部署、配置、重新配置以及取消服务等。云计算平台中的服务器可以是物理的服务器，也可以是虚拟的服务器。"云应用"使用大规模的数据中心以及功能强劲的服务器来执行网络应用程序与网络服务。任何一个用户都可以通过合适的互联网接入设备以及一个标准的浏览器访问一个云计算应用程序。因此，云计算包含两方面的含义：一方面是基础设施，用来构造应用程序；另一方面是建立在这种基础设施之上的云计算应用与服务。

云计算现在还没有一个权威的定义。维基百科中定义云计算是一种基于互联网的计算新方式，通过互联网上异构、自治的服务为个人与企业用户提供按需即取的计算。虽然各研究者对云计算的认识不完全相同，但对其本质特征的认识是统一的，即云计算是已有的计算机与存储设备、软件与数据以及专业化流程服务等，而不是重新构造一个新的模式，如图 4 - 4 所示。

云计算技术是 IT 产业界的一场技术革命，已经成为 IT 行业未来发展的方向。实际上，驱动云计算技术发展与应用的还有另一个重要因素，这就是节能环保。

Google 在 2010 年 4 月推出 GAE 云计算服务。该平台允许用户编写程序在其基础构架上运行，运行时所需的资源由平台统一管理。云计算已经成为一个强有力的推动企业卓越经营的成功因素，很多公司试图采用云计算为他们现有的和新兴的业务流程服务（Ebneter D, Grivas S G, 2010）。商业应用公共云是有限制的，如果他们把他们的信息技术迁移到云上，可能要遇到一些挑战，但对于小公司，它是一个革命性的技术

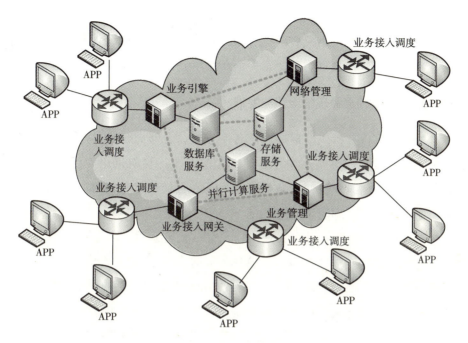

图 4 - 4 云计算示意图

（Hofmann P，Woods D，2010）。信息技术公司提供他们所需要的东西，同时服务提供商完全管理他们所提供的服务。在任何时间按需提供服务，成本是云计算背后主要的驱动因素（Gupta A，2010）。

越来越多的公司开始提供不同类型的云计算服务，同时这些服务也带来一些安全问题。2009 年，Yan Liang（2009）采用分层的基于身份的密码系统来加强云计算安全。Ramgovind S（2010）提出云计算中的安全管理是必要的，云计算限额提高到新的市场环境所提供的数据存储和能力，以灵活的可扩展的计算处理能力来满足弹性需求和供应，同时减少资本支出。Brandic 等（2010）在论文中提出了兼容云的新方法，提出了一个新语言，通过利用有关领域特定语言和协议来明确其安全性。针对云计算可能带来的隐私和安全问题，Wang Jian 等（2010）提出了在云计算服务方面的隐私保护技术，Na Sang-Ho 等（2010）提出了个人云技术安全的问题，它是私有云和公共云模型的混合。

云计算是中国移动蓝海战略的一个重要部分，2007 年由移动研究院组织力量，联合中科院计算所，启动了一个叫作"大云"的项目。以此为基础，中国移动将逐步展开云计算的商业化步伐。Giwell 是国内首个通信计算云平台，是天地网联科技有限公司研发的新一代云计算平台。我国在无锡与 IBM 公司联合建立了一个云计算中心。

2. 分布式信息处理的运用与发展。

随着计算机日益广泛地应用于各个领域，分布式信息处理系统的功能和结构也越来越复杂。这种处理方式适应了计算机网络发展的需要。同时网络的不断扩大，使得数据计算处理和存储的难度增加。而云计算正是为了解决这一问题而被提出的。

随着网络的发展，分布式处理技术也被大量运用。Lori F 等（1984）对分布式处理的发展趋势进行了论述，同时介绍了四种分布式处理系统配置。Tsuchiya M（1985）提出了分布式处理系统可用性的分析模型。分布式处理还可以运用到网络管理系统中并为其寻找一个新型网络管理解决方案（郝向阳，2009），同时在媒体制作方面也可以运用此技术（杨万钧，2010）。在分布式处理技术的不断发展中通过总结传统分布式处理技术，又提出了一个新的分布式处理技术——Web Service（廖军，谭浩，2004）。2005 年，有人提出了分布式技术在加工可视化内容方面的应用。同年，Vassiliadis（2005）和 Vallina 等（2005）分别用分布式处理的方法对数字信号的处理进行了研究。次年，Ilarri S 等（2006）提出了一种基于移动代理的分布式处理系统。Akai Y 等（2009）也对移动代理系统迁移分布式处理进行了研究。Peter G. C（2008）提出了重建的融合框架和分布式处理，并描述了一个传感器网络的分布式处理系统。利用无线传感器中的分布式处理系统也可以对大型土木工程的结构进行监测（Wang Miaomiao, Cao Jiannong, 2007）。由于很多分布式处理系统对中间件是有需求的，因此，通过中间件实现了分布式处理的大型数据集来减少管理费用和实现负载平衡的时间表（Glimcher, 2008）。2009 年，Fowler（2009）提出空间高效的嵌入式联网是一种新的系统——空间受限分布式处理系统。最近几年，分布式处理的研究主要在仿真、控制海洋复杂管道网系统和船舶主机遥控系统冗余 CAN 总线方面（Cao Hui, Ma Jie, 2010；Cao Hui, Zhang Jundong, 2010b）。

（二）云计算的工作原理

云计算将传统单机任务处理转变为网络任务处理，实现了按需计算、网络协作，如图4-5所示。云计算可以将普通计算机连接起来以获得相当于超级计算机的性能，用户通过网络就可以访问计算与存储资源。其关键技术及其工作原理如下。

1. 效用计算。

效用计算是一种基于实际使用的资源付费的商业模式。效用计算给用户带来了经济效益，企业数据中心的资源利用率不超过20%，其余80%大部分都被闲置，而效用计算则使得用户可以只为所需资源付费。

2. 分布式计算。

分布式计算是指在特定约束条件下将软件程序分成多个任务，通过网络互联的计算机运行，具有资源共享与计算负载平衡等优点。

3. 网格计算。

网格计算是指将松散连接的计算机网络构成一个虚拟超级计算机，可以用来执行大规模任务，满足用户要求并降低计算机资源建设成本。

4. 虚拟化技术。

云计算平台实现了硬件资源的虚拟化管理、调度以及应用，可将单个的资源划分成多个虚拟资源，也可将多个资源虚拟成一个资源，从而降低维护成本，提高资源的利用率。简而言之，虚拟化技术可以实现在一台计算机上运行多个虚拟服务器。

5. 数据的存储和管理。

云计算中采用冗余存储技术提高数据可靠性，主要有 Google 的 GFS 与 Hadoop 的 HDFS。云计算采用的数据管理技术主要是 Google 的 BigTable。

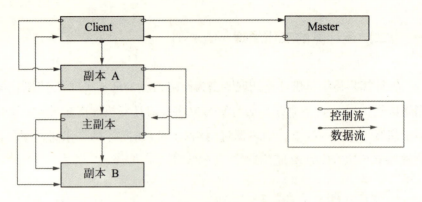

图 4 – 5　写控制信号和写数据流

三、基于云计算思想的基础教育信息网络体系

随着信息时代的来临，需要进行处理的数据也在不断增加。分布式信息处理的出现改变了传统的集中式信息处理的一些缺陷，它将不同地点、具有不同功能和拥有不同数据的多台计算机用通信网络连接起来，在控制系统的统一管理控制下，协调地完成信息处理任务。当面对海量数据的时候，出现了新兴的计算机技术——云计算。云计算作为网络上的一种服务具备处理大量数据的能力（Lin Feng-Tsel，Shi Teng-San，2010），旨在为终端用户提供可靠的服务品质和动态计算环境（Wang Lizhe，Von Laszewski Gregor，2010）。它是计算机科学概念的商业实现（陈全，邓倩妮，2009）。

在基于云计算思想的基础教育信息网络平台中，用户可以通过终端连接到云计算中心定制信息，其系统架构如下。

1. 客户端：仅实现网页显示等简单功能，数据处理与存储功能则在云计算中心实现，是一种低成本的交互式上网终端模式。

2. 网络：采用 ADSL、光纤网络以及无线网络。

3. 云计算中心：采用基于 Web 3.0 信息聚合模式的服务平台，实现信息的个性化定制与自动派送，可以提供网上考试与评卷，对用户的学习内容进行测试，使用户可以掌握自己的学习情况。

系统设计架构如图4-6所示。

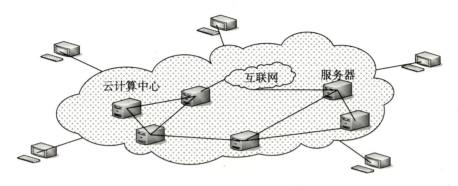

图4-6　系统设计架构示意图

（一）客户端

云计算中心拥有强大的计算与存储能力，因此对客户端的性能要求比较低。其基本功能包括以下几点：（1）上网浏览信息、信息下载等；（2）文字、音频与视频等的交互传输；（3）娱乐与科学计算等；（4）无线视频监控与无线传感器网络。

客户端采用高性能32位嵌入式 SoC 芯片与嵌入式 Linux 系统，不仅成本低廉而且性能稳定，性价比极高。客户端通过网页浏览器与服务端交互，访问服务端的资源与信息服务。客户端设计框图如图4-7所示。

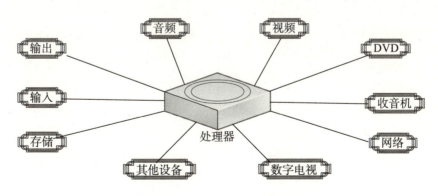

图4-7　客户端设计框图

(二) 网络

对于山区、高原等地域，应采用无线网络；而对于城镇等地域，则应采用有线网络。有线网络通过 ADSL 网络完成客户端、服务端与互联网的连接。基于 ADSL 的网络结构如图 4 - 8 所示。

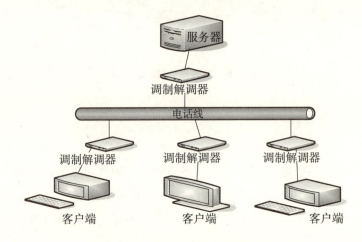

图 4 - 8 基于 ADSL 的网络结构

随着无线局域网技术的发展，原有的有线线路完全有可能被无线局域网替换，偏远山区等地域也可以通过无线局域网络接入互联网。其系统架构如图 4 - 9 所示。

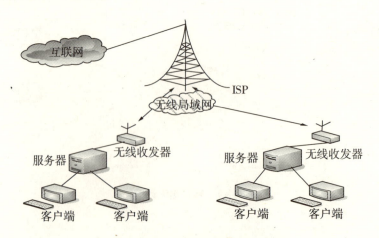

图 4 - 9 基于无线局域网的网络结构

（三）云计算中心

系统以 Hadoop 为构件实现云计算中心的搭建，设计基于 Web 3.0 的用户界面，提供信息定制与自动派送功能，方便用户获取教育资源信息。

云计算中心按照功能可分为硬件资源层、集群管理层、Hadoop 组件层与服务应用层四个层次，如图 4－10 所示。

图 4－10　云计算中心架构示意图

1. 硬件资源层。

硬件资源层采用普通个人计算机来架构，以降低成本。

2. 集群管理层。

集群管理层负责管理硬件资源层，实现资源监控与负载调度。资源监控是负载调度的前提，监控 CPU、内存与存储设备的使用率，并根据需要监控网络。如果某一节点出现故障，则屏蔽该节点，通知管理员修复故障。负载调度主要是保持集群的负载均衡，将负载从较高节点转移到较低节点，从而使资源负载与利用率接近平衡，如图 4－11 所示。

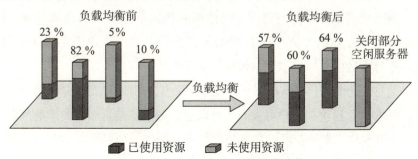

图 4－11　负载均衡前后资源利用率对比

集群管理层采用 LVS 与 Keepalived 技术实现硬件资源的管理。一般来说，LVS 集群采用三层结构，主要组成部分为负载调度器、服务器池与共享存储，如图 4 - 12 所示。

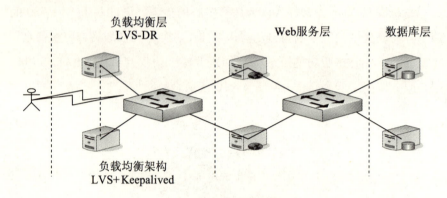

图 4 - 12　LVS 集群示意图

负载调度器负责将前端请求根据负载均衡原理分配到不同的服务器。

服务器池是一组负责处理用户请求的服务器，可以增加服务器来满足增长的负载。

共享存储为服务器池提供一个共享存储区，可采用数据库或网络文件系统实现。

3. Hadoop 组件层。

Hadoop 组件层提供海量数据处理与云存储功能，需要的软件资源包括 Linux Ubuntu、Hadoop、Sun-java6-jdk 与 Ssh 等软件安装包。

4. 服务应用层。

服务应用层直接面向用户，向使用者提供信息服务与订阅功能。服务应用层运行环境为 Apache，脚本语言使用 PHP，数据则采用 MySQL，包括信息推送模块、供求信息模块与交互模块。

信息推送模块：以 Web 3.0 为设计出发点，用户可定制感兴趣的频道。

供求信息模块：用户可发布各种信息，解决了信息双向传递的问题。

交互模块：学习者可以在线与教师进行交流，如果教师不在线，学习者可将问题以留言方式发给教师，教师登录后便可以浏览留言并对其回复。

为了更好地满足信息需求，提高信息处理效率、数据可用性、安全性与可扩展性，采用 MySQL 数据库集群技术，集群由管理节点、数据节点、SQL 节点三种不同的节点组成。

（1）管理节点：管理 MySQL 其他节点，如提供数据配置、节点启动与备份等功能。

（2）数据节点：用于保存数据。

（3）SQL 节点：用于访问数据节点。

四、北京市基础教育信息资源服务体系的 IaaS 层关键技术

图 4-13 表示了北京市基础教育信息资源服务体系 IaaS 综合管理平台的系统结构，主要包括基础设备资源管理子系统、IaaS 服务管理子系统、公共服务管理子系统和云安全管理子系统等。北京市基础教育信息资源服务体系的云计算综合服务管理平台中的 IaaS 关键技术，包括资源弹性伸缩关键技术与高可用性关键技术。

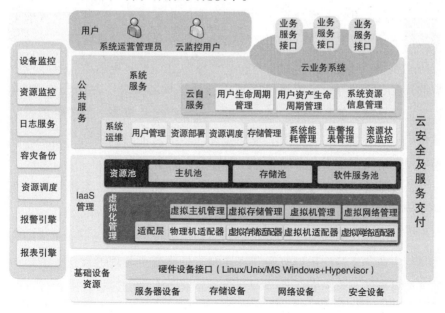

图 4-13　IaaS 管理平台系统架构图

基础设备资源负责管理北京市基础教育信息资源服务体系当中所有的硬件基础设施，为系统运行提供硬件平台，是系统运行并对外提供服务的基础。基础设备资源管理子系统包括硬件设备接口管理模块、服务器设备管理模块、存储设备管理模块、网络设备管理模块和安全设备管理模块等。实现对服务器设备、存储设备、网络设备及其他设备等具体设备的管理功能。

IaaS服务管理是北京市基础教育信息资源服务体系的核心，提供对系统硬件设备与软件服务的抽象管理，并为公共服务层提供资源使用及管理接口。IaaS服务管理子系统主要包括服务资源管理和资源池管理两个功能模块。服务资源管理包括物理机管理、虚拟机管理、存储管理、网络管理、公共服务管理等，主要负责对经过抽象的各种系统资源进行管理。资源池管理包括资源查询、资源分配与回收、资源添加与删除及资源维护等子系统，主要负责对系统各种资源池中的资源进行管理，为公共服务管理子系统提供使用服务资源的接口。系统对接入的硬件设备、操作系统、虚拟化软件以及部分基础服务软件等进行抽象处理之后，形成系统底层核心资源。

公共服务管理子系统是北京市基础教育信息资源服务体系对外提供服务的窗口，也是系统高效灵活使用资源的指挥中心。公共服务管理子系统包括云用户自服务、云用户业务应用服务和系统运维管理三个功能模块。云用户自服务是提供给云用户的自服务门户，包括用户所属的资源的调度、管理等，系统运维管理包括计算资源管理、存储资源管理、服务资源管理、部署管理、用户管理、记账管理及报表、告警管理等功能模块。通过运维生成可用的系统服务，并由系统门户将这些服务交由不同角色的用户访问，实现系统对外提供服务的功能。

云安全提供用户身份认证管理、用户数据加密服务、系统网络安全管理等多层次安全保障。

云服务物理结构需要按照动态云平台的建设要求，充分发挥系统管理架构资源共享的作用。按照合规性要求提供变更管理的支持，考虑云服务的可靠性要求和安全性要求，选择异地数据中心通过统一管理进行构建，满足云服务对异地容灾的要求，通过云调度技术实现高可靠性的数据中心。数据中心之间通过专线互联，实现数据的高可靠和数据的同步。

　　在北京市基础教育信息资源服务体系架构中，物理服务器、Hypervisor、虚拟机、存储设备、网络设备在系统中都属于资源，通过资源分区组织起来进行管理，或以逻辑资源分区视图的形式查看资源信息。将不同的资源关联起来生成系统资源时，资源的选择不受分区的限制。新生成的系统资源通过虚拟数据中心组织起来。

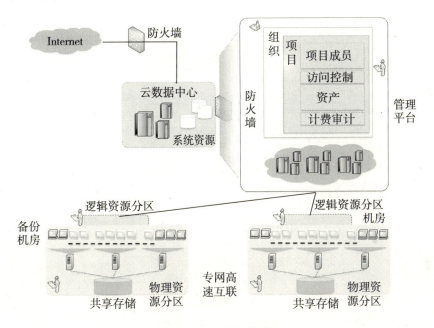

图 4 - 14　云物理架构

1. 北京市基础教育信息资源服务体系资源弹性伸缩关键技术。

　　资源弹性伸缩关键技术是云平台下虚拟机弹性伸缩技术，弹性伸缩是云平台下的关键技术之一。通过弹性伸缩，资源才能在云的环境下，为系统用户提供各种资源配置的服务。虚拟机系统是构成 PaaS 原型系统平台最基本的系统级实体，其内部结构如图 4 - 15 所示，向用户提供以下五层基础服务。表示服务，在页面层，通过 JSP 和 Servlet 技术，实现应用的展现。业务逻辑服务，在此，用户通过开发，生成处理业务逻辑的工作流程及工作流程组件，实现满足用户需求的应用实体（其中包含用于 PaaS 系统对本系统实施统一管理的业务流程）。功能服务，是本原型系统的核心部分，是 PaaS 的共享和独立资源，为业务逻辑提供支撑（这部分资源主要包括：业务事务处理功能、资源优化管理功能、数据处理和分析功能、安全和隔离功能及运维功能）。数据服务，指利用 Java EE 提供的数据持久化技术，实现统一、规范的数据访问操作（如创建、读取、修改等）。存储服务，包含针对数据的本地存储提供服务的数据库、文件系统。

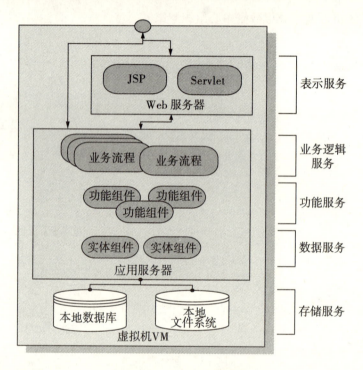

图 4 - 15　虚拟机运行环境

实现弹性伸缩功能的路径为：在网络接入层实现负载均衡管理模块，接受每个虚拟机上监控服务的报警，通过 IaaS 控制调度工具启动和关闭虚拟机，并动态初始化 PaaS 平台，自动按照超负荷 PaaS 平台的配置设置分流 PaaS 平台，将对超负荷 PaaS 平台的访问分流道分流 PaaS 平台。图 4 - 16 为北京市基础教育信息资源服务体系云计算综合服务管理平台的集群部署环境。

PaaS 平台运行环境可以同时运行在多台虚拟机上以实现按需伸缩，支持同一应用在异构 PaaS 平台运行环境下自动迁移，提供统一中心调度和服务注册。

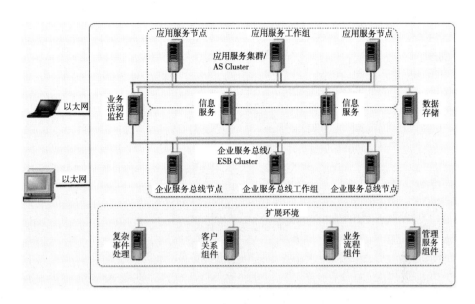

图 4-16　云平台的集群部署环境

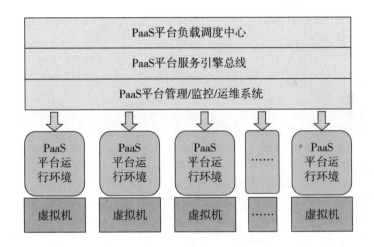

图 4-17　PaaS 平台运行环境

监控服务引擎可以监控各个虚拟机的资源使用情况，监控服务引擎实现本系统的 SLA 策略，控制调度工具可以通过 IaaS 提供的访问接口访问和控制 IaaS 层，控制调度工具通过远程发布命令，从各个节点启动和关闭虚拟机。

控制调度工具的核心是控制中心，是 PaaS 体系初始化、部署、运行及维护的主控制中心。其主要功能是实现 PaaS 的落地、对虚拟机配置和监控、对

IaaS 配置和监控、对数据服务配置和监控、对两种类型数据服务的支持。

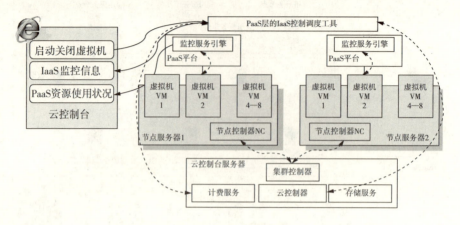

图4－18　监控服务引擎

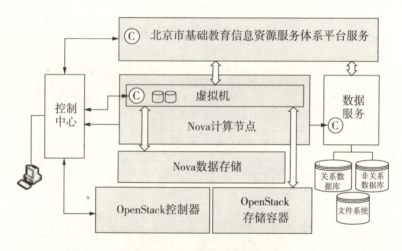

图4－19　控制调度工具

2. 北京市基础教育信息资源服务体系高可用性关键技术。

实现高可用性的核心在于负载均衡，中心控制策略是每个虚拟机运行一个 PaaS，负载均衡与容错管理独立运行于 PaaS 外，每个 PaaS 平台上的监控服务引擎周期性地向负载均衡服务器报告虚拟机的负载情况，在负载情况超过 SLA 上限时报警启动负载均衡调度。新启动的 PaaS 按照报警 PaaS 的配置从应用引擎仓库服务器载入部件和应用。如果某种配置的 PaaS 平台的负载情况低于 SLA 下限，且该平台运行在一个以上的虚拟机上，则主动关闭一台虚拟机（该虚拟机释放资源），重新调度负载。

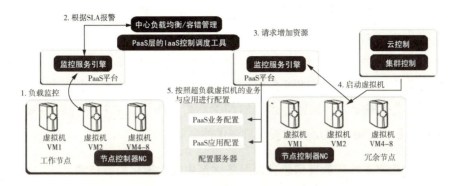

图 4 – 20　IaaS 的高可用性关键技术

五、北京市基础教育信息资源服务体系的 PaaS 层关键技术

　　北京市基础教育信息资源服务体系的 PaaS 层关键技术包括六部分：一是中间件池化关键技术，二是数据库服务关键技术，三是业务服务引擎关键技术，四是关键业务组件，五是应用开发环境，六是应用部署运行关键技术。PaaS 平台物理运行环境如图 4 – 21 所示，物理运行环境主要包括云计算环境和客户应用环境。

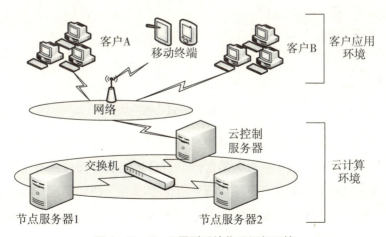

图 4 – 21　PaaS 原型系统物理运行环境

云控制器作为为系统管理员和终端用户提供访问系统的入口，在每个节点服务器上部署4—8个虚拟机系统。由多个虚拟机系统共同构建基本的PaaS平台，向用户提供私有、公有和混合的基于平台的应用服务。

采用PaaS系统的主要优势在于：系统体系结构先进、完整、简洁、性能良好；有基于构建的快速开发工具；通过组件的集成、开发和共享，具备自我扩展能力；具备高弹性的伸缩能力；提供负载均衡与容错兼顾的高可靠性；通过多层次的安全机制保障高安全性。

1. 北京市基础教育信息资源服务体系中间件池化关键技术。

中间件池化关键技术是在云计算平台中实现中间件的池化，为应用运行提供透明的、高质量的中间件服务。中间件是一种独立的系统软件或服务程序，分布式应用软件借助它在不同的技术之间共享资源。中间件位于客户机/服务器的操作系统之上，管理计算机资源和网络通信，连接两个独立应用程序或独立系统的软件。相连接的系统，即使具有不同的接口，通过中间件相互之间仍能交换信息。执行中间件的一个关键途径是信息传递。通过中间件，应用程序可以工作于多平台或OS环境。

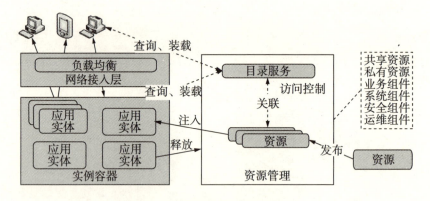

图4-22 中间件池化关键技术

中间件池化和虚拟化，可以使应用摆脱对某一硬件供应商的依赖，提高独立性，因此具有非常高的价值。通过将底层基础设施与之上的应用程序分割开来，实现对应用运行平台的虚拟化，即应用运行基础设施的虚拟化。应用运行基础设施虚拟化使单一或者一组计算机与应用程序之间不再存在紧密绑定成的关系，由此实现了应用系统更高的灵活性。

应用运行基础设施的池化和虚拟化，为简化北京市基础教育信息资源服务体系系统管理、提高 IT 基础设施的效率提供了重要条件。

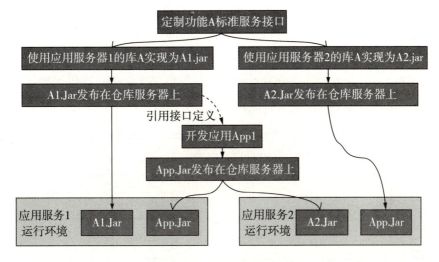

图 4-23　应用服务器池化

假设与应用服务器 1 相关的功能 A 被应用 App 使用，在传统模式下，该应用无法运行在其他的应用服务器上，在服务引擎模式下，可按上述方式对该应用进行应用服务器池化。

2. 北京市基础教育信息资源服务体系数据库服务关键技术。

数据库服务关键技术就是实现一个数据库即服务层，为北京市基础教育信息资源服务体系提供统一的数据库访问服务，它屏蔽了底层的异构数据库，为上层应用提供了简单方便的数据库访问接口，将应用和数据库隔离开来，降低了耦合性，增强了系统的灵活性和健壮性，为增强结构化和非结构化数据访问控制提供了可能。

北京市基础教育信息资源服务体系的数据库服务包括的主要功能是：提供异构数据库的访问，包含关系型数据库和非关系型数据库的服务，如 Oracle、MySQL、SQLServer、DB2、MongoDB 等主流数据库；定义完善的访问数据库的 API，包括数据存取、数据查询、事务管理、数据推送、数据输入输出、数据事件；实现以数据拉动和推送两种模式进行数据的输入和输出；提供对数据库及数据的元数据的查询服务；访问分发根据数据操作类型和数据对象将数据访问定位到实际的数据库并调用具体的数据库访问接口完成数据操作；会话控制维护数据库访问的会话信息和上下文，以支持访问控制和业务顺序；管理数据库即服务到具体数据库的连接池，支持访问分发功能获取到指定数据库的连接；管理维护应用数据对象和数据库表对象的映射关系；维护应用及数据对象和具体数据库的路由信息，支持访问分发功能正确定位数据库实例；提供管理接口，使数据库即服务纳入北京市基础教育信息资源服务体系统一管理。

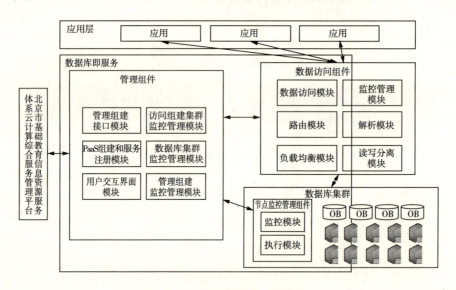

图 4-24　数据即服务的结构图

　　数据即服务主要由数据访问组件、管理组件和节点监控管理组件协同完成。数据访问组件提供数据库、数据和元数据的统一访问，管理维护路由信息和应用数据对象与数据库对象的映射关系，路由配置隐藏了数据库架构和数据分布的细节。支持监控管理、负载均衡和读写分离。管理组件负责管理监控、管理和协调数据库即服务内部的资源和组件工作。根据配置策略，监控管理和仲裁所有组件的工作状态。该组件可实现云计算综合服务管理平台通用管理接口、访问组件集群的监控管理功能、数据库集群之间关系的管理及功能；提供友好的人机交互界面，帮助数据库即服务管理员开展运维工作。节点监控管理组件负责在主机上上报心跳信息以及接收管理组件的指令并执行。

数据访问组件通过接口封装形式，隐藏了数据库的细节特性，仅通过接口形式，提供统一的数据访问接口，包括数据接口、数据对象访问接口和元数据访问接口，如 REST 风格的 Web Service 接口、JPA、JDBC 的封装接口。同时还提供多种数据结果集形式，如 JSON、XML、Protocol Buffer 等。所有数据使用方式都统一到一致的、受管控的界面上。其中包括以下几个模块。① 监控管理模块：可以监控数据访问组件性能参数和 SQL 查询性能。可以设置监控的心跳间隔时间和需要监控的参数（CPU 使用率、连接数量、吞吐率）。用户可以查看所有执行过的 SQL 语句，进行基于开销的排序，通过检查每个开销较大的 SQL 语句的执行计划，对 SQL 代码进行持续优化。对访问组件的参数进行配置。② 路由模块：组件管理维护路由信息和应用数据对象与数据库表对象的映射关系，支持访问分发功能，正确定位数据库实例。③ 解析模块：数据库访问协议、数据访问协议、元数据访问协议的解析，SQL 语句的解析和转译。④ 负载均衡模块：通过对不同数据库服务的负载监控，及时发现性能瓶颈，并保持对应用透明的数据访问组件和数据库水平扩展服务的能力，增加服务节点后，自动提供负载均衡。⑤ 读写分离模块：支持应用透明的自动读写分离操作，在不经任何应用代码修改或应用配置的情况下，直接支持应用的读写分离操作，为读负载特别大的应用提供了最快捷可靠的数据库服务支持。

管理组件中包括以下几个模块。① 管理组件接口模块：按照 PaaS 管理平台标准约定的平台监控规范、平台管理规范进行 Web Service 封装。② PaaS 组件和服务注册模块：对数据库即服务的组件和服务在云计算综合服务管理平台的 ESB 中进行注册。③ 用户交互界面：对访问组件集群监控管理、数据库集群监控管理、管理组件监控管理等通过图形化界面降低管理工作的复杂度，同时通过监控及报表，及时获取服务状态。④ 访问组件集群监控管理模块：监控和管理数据库即服务中的访问组件集群，仲裁访问组件的工作状态。基于对组件集群的分布式设计，对整个组件集群进行逻辑群组的划分和管理，保证了水平可扩展性。⑤ 数据库集群监控管理模块：数据库集群之间关系的管理及监控。通过与各个主机节点上的节点监控管理组件互相通信，完成数据库集群及相互关系的实时监控管理，并对采集到的信息进行中心化管理。⑥ 管理组件监控管理模块：对自身进行监控管理。

节点监控管理组件中包括以下两个模块。① 监控模块：采集节点上服务运行时的状态信息、系统运行时的信息，并通过接口上报给管理平台组件。② 管理模块：侦听管理组件推送的管理指令，验证身份后执行，并按接口规范返回执行结果。

北京市基础教育信息资源服务体系数据库封装的关键技术特征是：① 多租户：租户之间的访问隔离、存储隔离，通过数据访问组件实现。② 读写分离：支持应用透明的自动读写分离操作，在不经任何应用代码修改或应用配置的情况下，直接支持应用的读写分离操作，为读负载特别大的应用提供最快捷可靠的数据库服务支持。③ 可伸缩性。数据访问组件的水平扩展：增加数据访问组件节点，形成数据访问组件集群。数据库的水平扩展：数据库集群架构中可以融合多种数据库架构，比如数据库集群、数据库一主多从、数据库单实例，以便更准确地、广泛地支撑不同类型的应用。每种服务架构中又有一定的水平扩展能力。④ 负载均衡：通过对不同数据库服务的负载监控，及时发现性能瓶颈，并保持对应用透明的数据访问组件和数据库水平扩展服务能力，增加服务节点后，自动提供负载均衡。⑤ 高可用性：支持数据库架构的高可用性需要达到99.999%，通过数据访问组件和数据库的集群技术实现。⑥ 异构特性：支持关系型数据库和非关系型数据库各种主流数据库的统一访问，通过数据访问组件实现。

3. 北京市基础教育信息资源服务体系业务服务引擎关键技术。

业务服务引擎关键技术实现通用业务的服务引擎，并定义服务接口，为上层应用提供丰富的服务支持。由于复杂的企业级应用 = 前端客户端用户界面 + 后端应用系统。传统模式下，应用系统由一系列的应用实现逐步累加形成，在以 SOA 架构为基础的云计算模式下，新型应用系统的设计由整体系统应提供的服务入手。

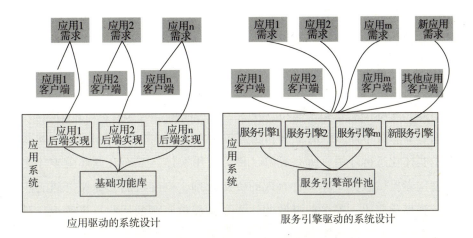

图 4 – 25 复杂企业级应用不同模式对比

服务接口是用户使用北京市基础教育信息资源服务体系系统资源进行应用开发的主要工具,接口服务包含客户端 API 和服务端 API 管理器两部分,基本原理如图 4 – 26 所示,其工作流程为:资源获取,通过客户端 API,帮助客户端获取系统资源路径,并将方法返回。资源使用,客户端调用方法激活远程调用过程,将服务请求发送给服务端远程接入代理,再由代理动态分配系统资源;服务器中的应用,可调用服务端 API 来获取和使用系统资源。资源释放,客户端可主动对其使用的资源进行释放,也可由系统的资源管理器根据一定的判定策略进行资源释放。通过服务接口标准,可引导现有应用顺利迁移到原型系统上。

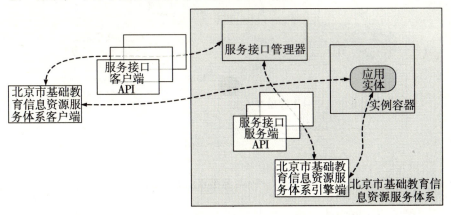

图 4 – 26 服务 API 及其工作机制

北京市基础教育信息资源服务体系服务引擎的运行机制如图4-27所示，主要由网络接入层、实例容器、资源池、资源管理和资源回收等模块组成。所有模块都是独立于操作系统环境而逻辑化的，每个模块可被分别部署在多个服务器系统中运行。网络接入层，负责通过各种网络环境（包括互联网、移动互联网等）连接用户终端，实现对云服务的应用。实例容器，对本体系中的所有动态资源实施管理、维护，是提供PaaS服务的实体化运行环境，所有资源（称为应用实体）只有在此环境中才能向使用者提供服务。它具备有效的资源管理、调度机制，确保资源的共享及弹性化使用，确保新资源的注入及被释放资源的回收。资源池，对本体系中的所有静态资源实施管理、维护，接受新资源的发布，指定资源的注入等。本体系中的资源包括：共享资源、私有资源、功能组件、管理组件、安全组件，具有信息安全功能、高可用性；运维组件包含基于应用的计费功能。资源管理，用于新资源的发布管理和所有静态资源的目录管理，实现负载均衡和访问控制机制。

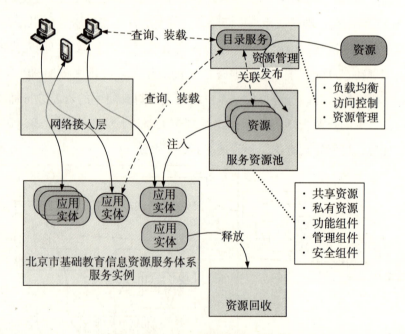

图4-27 PaaS原型系统运行机制

对于应用层实体而言，为其提供服务的是一个层次化的体系，如图

4-28 所示。首先，应用实体通过服务接口，访问业务流程层组件中的方法。这些方法还可往下引用功能层组件中的功能。功能组件可维护数据层中的持久性数据实体，以确保数据与数据库或文件系统同步。

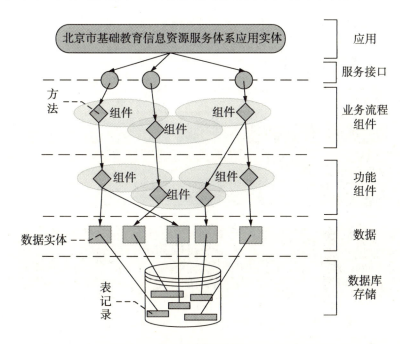

图 4-28　面向应用实体服务的层次化结构

　　访问控制机制可部署在业务流程层、功能层中，以实现针对租户的差异化服务及资源使用的安全性保障。例如，针对租户 A，不允许访问业务流程中组件 b 的方法 f（），原因：该方法是针对租户 x 定制的；针对租户 B，不允许访问功能层中组件 fb 的方法 ff（），原因：该方法不属于租户 B 的签约范围（租户 B 没有选配该功能）。

　　开放服务网关接口，完成组件集束封装功能单元的实现，并发布为内部服务。其特点是：集束之间松散耦合，维护简单，部署方便；可单独启动和停止；可通过名字服务查找；应用通过查找服务调用相关组件。该服务组件的优点是：由类向模块化转移的主要动力；具有最大化细节隐藏的优点，如可管理性、可重用性、易测性、异常隔离以及重构等；通过服务动态加载；动态更新以及多版本共存；提供对快速开发的支持。

4. 北京市基础教育信息资源服务体系关键业务组件设计。

北京市基础教育信息资源服务体系的关键业务组件如图 4 – 29 所示。

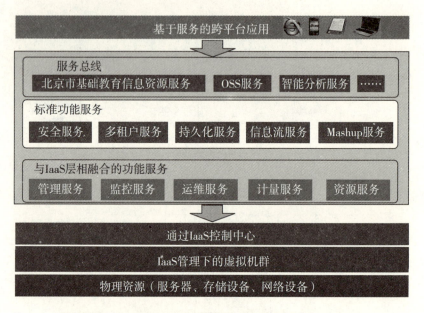

图 4 – 29　北京市基础教育信息资源服务体系关键业务组件

北京市基础教育信息资源服务体系关键组件的核心价值是各种组件松散耦合，按需为应用运行提供各种重要功能的支撑；各种组件提供对各种重要功能的封装，以支持快速开发；支持对各种通用业务逻辑的组件级重用和共享。

组件库提供多种组件支持北京市基础教育信息资源服务体系各种应用业务开发：① 服务注册工具：接入各种第三方服务；② 信息流管理：提供系统内各种消息发布/订阅/交互功能，以及对外部其他系统的信息发布功能；③ 安全组件：提供以单点登录为核心，包含内部防火墙和加密机制的安全功能；④ 多租户组件：提供对多租户以及多用户的身份与认证管理；⑤ 持久化组件：提供对业务数据存储的支持；⑥ 应用业务共享组件：提供特定通用业务逻辑的统一实现。组件库中主要的组件如图 4 – 30 所示。

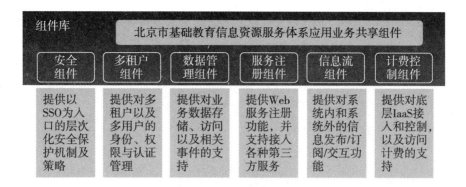

图 4 – 30　组件库主要组件

北京市基础教育信息资源服务体系组件库中的典型组件有以下几种。安全组件：提供以 SSO 为入口的层次化安全保护机制及策略。多租户组件：提供对多租户以及多用户的身份、权限与认证管理。数据管理组件：提供对业务数据存储、访问以及相关事件的支持。服务注册组件：提供 Web 服务注册功能，并支持接入各种第三方服务。信息流组件：提供对系统内和系统外的信息发布/订阅/交互功能。除此之外，还有计费控制组件。

SSO 单点登录组件。安全组件提供安全服务和安全引擎部件，客户端应用可直接使用安全服务，应用服务可调用安全引擎部件集成安全服务。

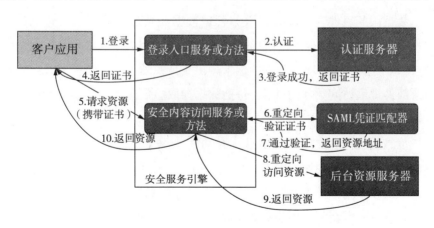

图 4 – 31　SSO 单点登录组件

安全组件。安全组件提供基础安全服务机制 API 及策略管理，提供身份和访问控制 API，提供数据及数据库加密 API，支持单点登录 SSO 并提供 API。安全组件支持的机构 IAM 标准与规范包括 SAML、SPML、

XACML、Oauth。

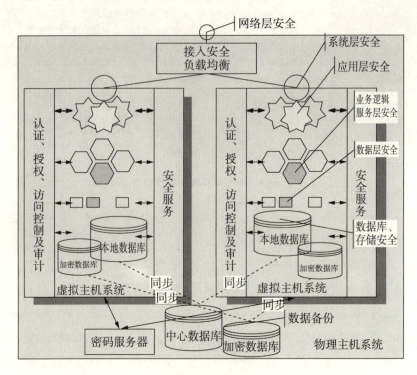

图 4 – 32　安全组件

数据服务组件。实现数据服务管理数据在系统中的存取与传输，数据在系统中的处理以数据对象的方式进行，数据对象与关系数据库之间通过 OR 转换实现存取，数据的输入输出支持拉动和推送两种模式。数据引擎部件提供访问数据的 API，包括数据存取、数据查询、事务管理、数据推送、数据输入和输出、数据事件。

信息流组件。支持多种信息交互功能，用于整合云平台应用内部以及应用之间的信息沟通、交互、协同，用于向外部公共平台转发信息。

服务注册组件。支持与北京市基础教育信息资源服务应用或服务的整合，以及开发新型应用与服务，是 PaaS 的重要特点。

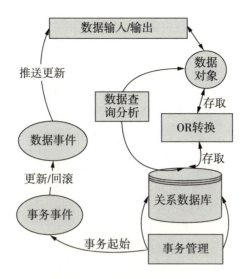

图 4 – 33　数据服务组件

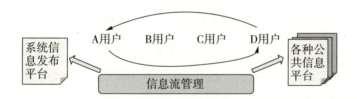

图 4 – 34　信息流组件

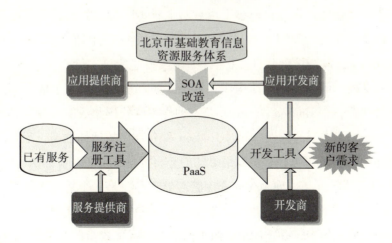

图 4 – 35　服务注册组件

5. 北京市基础教育信息资源服务体系应用开发环境关键技术。

北京市基础教育信息资源服务体系应用开发环境关键技术的研究目标是提供云环境下的应用开发环境，云环境下的北京市基础教育信息资源服务体系应用开发环境的开发体系架构如图4-36所示。

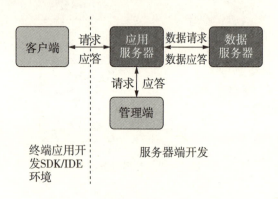

图4-36 云应用开发环境的开发体系架构

在云环境下的应用开发环境中使用到的模块有以下几种。① Git。Git是用于 Linux 内核开发的版本控制工具。Git 采用了分布式版本库的方式，使源代码的发布和交流极其方便。Git 具有良好的性能，这对管理大型电信级应用非常重要。Git 具备极其优秀的合并跟踪能力。② Maven。Maven是一个项目管理工具，它包含了项目对象模型、标准集合、项目生命周期、依赖管理系统和用来运行定义在生命周期阶段中插件目标的逻辑。Mave 基于项目对象模型，可以通过一小段描述信息来管理项目的构建、报告和文档，可以实现自动构建和捆绑代码、运行测试、生成文档并宿主项目网页。③ Hudson。Hudson 是一种优秀的代码集成服务器，具有开箱即用、功能丰富的特性。同时 Hudson 具有强大的插件框架，很容易添加特性。Hudson 可以报告测试结果的趋势、构建结果和对应的执行时间。④ Nexus。Nexus 是一种 Maven 仓库管理器产品，是一个拆箱即用的 Java App。Nexus 有代理远程仓库、本地宿主仓库和仓库组。其中代理远程仓库是一种公开的 Maven 仓库，将组织内的 Maven 配置指向 Nexus，这样所有构件都将从 Nexus 下载，如果 Nexus 没有你要的构件，它会自动先去外部仓库下载到本地。本地宿主仓库可以在服务器上建立本地的宿主仓库，用于向这个仓库提交任意的 Maven 规范构件。仓库组用于将很多仓库聚合起来，对外公开一个统一的接口，提供构件服务。⑤ Sonar。Sonar 是一种代码质量管理工具，它提供了设计与架构度量。Sonar 针对 Java 应用设计分析、架构与面向对象的度量，还可以检测未使用的方法以及调用不建议使用的方法。它是一个集成各种代码校验规则、重复代码发现、代码测试覆盖率、代码注释率、检测率变化追踪的完美的代码质量检查工具。

同时，北京市基础教育信息资源服务体系还提供附加的客户端应用快速开发工具。开发者可以使用任意开发工具编写代码。代码的提交、编译和发布仅支持 Web 应用。客户端应用快速开发工具在生成客户端应用方面补充了本原型平台在客户端应用开发上的这一不足之处。该工具的主要功能是在后端应用服务的基础上使用预制构件在不写代码的基础上加快客户端应用，并可以将其发布为 Web 应用、移动应用和桌面应用等多种类型的客户端应用。但一个客户端应用的后端业务逻辑仍然需要按照前述开发方法在 Eclipse 中被实现为应用服务。

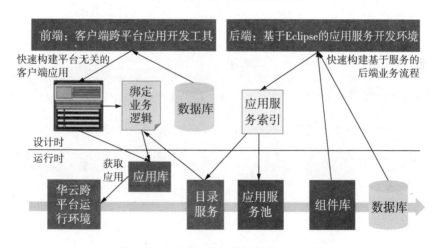

图 4 - 37　应用开发工具及服务开发环境

PaaS 平台支持三种类型的开发。① 服务引擎部件开发：开发服务引擎部件供多个应用使用；② 应用服务引擎开发：将后端系统能力封装为服务引擎；③ 客户端应用开发：基本目标是支持基于 Java 的 Web 应用开发。

PaaS 平台代码开发发布流程，缺省开发环境是 Eclipse，项目管理基于 Maven，以支持远程引用，代码开发完成后提交到版本控制服务器，版本控制服务器上的代码在集成服务器上通过 Maven 编译并打包为 Jar，编译后的 Jar 包存储到应用/引擎仓库服务器上，Jar 包按照项目组织。引擎部件和服务的 Jar 包可用于其他项目的开发。这种开发方式与传统开发的主要差别是：开发中引用的库来自远程的仓库，新开发的库自动被发布到远程仓库中，可被发布到运行环境中，并可供其他开发者使用。

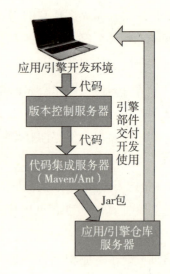

图 4 – 38　PaaS 平台支持开发类型

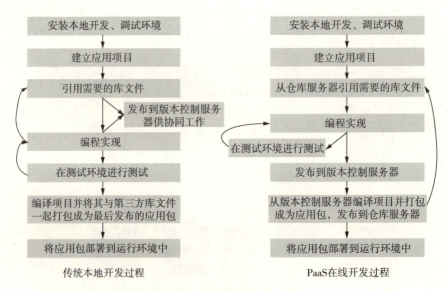

传统本地开发过程　　　　　　　PaaS在线开发过程

图 4 – 39　两种不同的开发过程

假设有一项公共功能 A 需要被应用 App1 和 App2 使用，在传统应用开发模式下，该公共功能 A 可被实现为一个独立的库；在服务引擎化开发模式下，该公共功能 A 可被实现为一个独立的服务引擎部件。

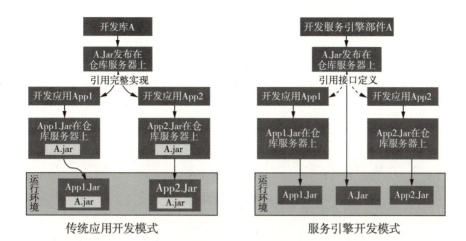

图 4 - 40　两种不同的开发模式

北京市基础教育信息资源服务体系在 PaaS 平台上应用开发流程如下。

（1）分析设计阶段。

主要功能模块：登录＋创建用户＋选择业务并按业务生成账号；实现设计：登录（使用安全服务）＋创建用户（使用用户管理组件）＋选择业务并按业务生成账号（使用各业务管理组件）；已有组件/服务分析：安全服务，数据组件，系统库组件如 Spring DM，Web/Rest Service 框架。

（2）组件开发阶段。

对每个组件在 Eclipse 中建立一个 Maven 项目，如用户管理组件项目；指定要引用的库文件及其位置，如仓库服务器上的数据组件；设计组件接口，如用户创建、查询、删除，实现组件代码，并进行本地调试；将完成的项目提交到版本控制服务器上，并远程编译；该组件编译后的 Jar 包将存储在仓库服务器上。

（3）应用服务开发阶段。

在 Eclipse 中创建一个应用服务项目，即用户开户服务；设计该服务提供的动作，如登录、输入用户信息、选择业务、按业务生成账号等；利用已有组件和服务实现各个动作：如登录直接使用安全服务，输入用户信息实现用户管理组件的用户创建功能等；将完成的应用服务提交到版本控制服务器上，然后进行远程编译，最后将 Jar 包存储在仓库服务器上；将用户开户服务部署到运行环境中。

（4）客户端应用开发阶段。

在 Eclipse 中创建一个 Web 应用项目，即用户应用；设计并实现该应用的界面；访问用户开户服务的 WSDL 或 WADL，将界面与用户开户服务进行绑定；将完成的应用提交到版本控制服务器上，然后进行远程编译，最后将 Jar 包存储在仓库服务器上；将用户开户应用部署到运行环境中。

北京市基础教育信息资源服务体系在 PaaS 平台上应用/服务/组件部署流程如下。

（1）启动云配置工具。

在浏览器中打开云配置工具页面；进入云应用发布/部署功能；查看现有的 PaaS 平台以及相关的应用部署状况。

（2）初始化 PaaS。

启动一个新的 PaaS 平台；将该 PaaS 平台注册到云配置工具上；在云配置工具中刷新 PaaS 平台列表。

（3）部署应用/服务。

从仓库服务器载入现有应用/服务列表；对每个应用/服务显示其依赖的组件列表；在 PaaS 平台列表上选定目标 PaaS；选中目标应用/服务，如用户开户服务或用户开户应用，即所有相关组件也被选中；将目标应用/服务移动到选定的 PaaS 上；确定选择，开始部署，云配置工具向仓库服务器下复制指令；选定的应用/服务以及相关组件的 Jar 包被复制到目标 PaaS 的相关目录中。

（4）确认部署完成。

打开浏览器，访问部署的应用或服务。

通过快速开发工具实现"零代码"开发构建应用服务系统，具有开发周期短、开发成本低、快速适应北京市基础教育信息资源服务体系的需求变化等优点。软件服务快速开发工具的总体结构如图 4-41 所示。

图 4 - 41　软件服务快速开发工具

软件服务快速开发工具根据模型驱动架构的思想来实现平台无关的开发。模型驱动架构是由 OMG 在 2001 年提出的。它的主要思想是对应用软件的业务功能和具体实现技术进行分析，从而最大限度地减少技术对应用软件的影响，提高软件的开发效率。传统的信息系统开发方法没有将业务和技术进行分离，因此设计的业务模型是静态的，无法满足用户需求的可变性。模型驱动架构则是将业务和具体的实现技术进行分离，这样有效地满足了用户需求的可变性。在模型驱动架构中，平台无关模型 PIM 主要实现抽象出与技术无关的、能完整描述业务功能的模型。然后再针对不同的实现技术，根据一定的映射规则将 PIM 转换成与系统具体实现技术相关的平台相关模型。最后通过一定的转换工具将 PSM 转为代码。在软件服务快速开发工具中，实体、业务和界面开发与具体的技术平台相互独立。例如某个项目是基于"Oracle + Hibernate + Java"开发的，而另一个项目是基于"SQL Server + Web Service + VB. NET"开发的，那么一般会基于 Oracle 或者 SQL Server 开发实体数据库表，基于 Hibernate 或者 Web Service 开发业务，基于 Java 或者 VB. NET 开发界面。而 PIM 技术在开发实体、业务和界面时，会从这些具体的技术中独立和抽象。PIM 技术中开发的实体、业务和界面存储为这些信息的对象，只有在根据开发好的 PIM 对象发布为某项具体的平台相关的模型时，它们才会被转化为 Oracle、SQL Server、Hibernate、Web Service、Java、VB. NET 这些具体技术，如图 4 – 42 所示。

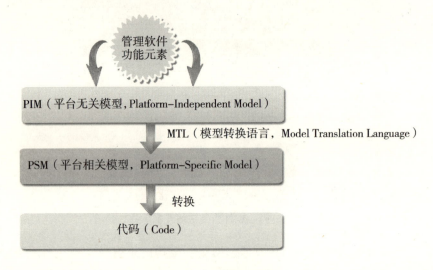

图 4 –42　模型驱动体系

针对当前软件建模体系中存在的不足之处，结合北京市基础教育信息资源服务体系的实际需求，本书提出了领域元模型建模机制。① 对北京市基础教育信息资源服务体系提供更精确的建模方式，更加完整有效地表达该领域的概念、事件等语言，最大限度地缩小抽象与现实之间的差距，实现所见即所得。② 让领域专家实际参与模型的构建、修改及维护，领域专家能够非常简便地操作建模工具，熟练得像使用自然语言一样使用建模语言在建模工具上进行模型的构建，提高模型构建的效率与正确性，保证可用性。③ 构建平台本身自带一套完整的针对该领域元模型的转换机制及动态映射规则。一方面，它使模型更加容易解释、容易进行转换和代码生成；另一方面，它方便建模人员在建模过程中随时进行实际软件的测试生成，以检测模型的正确性以及与自己实际需求的符合程度。

这样的领域元模型，专门针对北京市基础教育信息资源服务领域提出，可以实现一体化的建模、转换、代码生成的功能，可以更好地解决当前传统软件方式存在的问题。同时，领域元模型可以精准和高效地构建和转换应用系统。本书将应用系统模型进行了分离组合研究，将模型划分为数据模型、界面模型、授权模型以及业务模型四个模块，为每个模块定义精确的应用范围，可以使各个方面的业务专家同步参与各自精通的领域建模，更能有效地提高模型准确率以及建模效率，如图4-43所示。

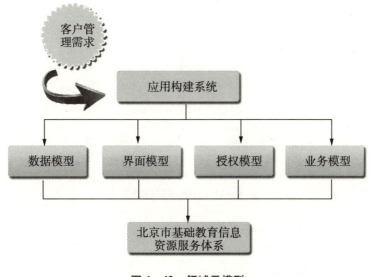

图4-43　领域元模型

6. 北京市基础教育信息资源服务体系应用部署运行关键技术。

北京市基础教育信息资源服务体系配置部署的核心是云配置工具，该工具连接仓库服务器与运行环境，测试通过的应用/服务/组件可以被部署，使用虚拟环境连接部署配置和虚拟机。这种部署方式与传统方式相比，主要优势在于开发所用的组件库与运行所用自动同步，并且及时发布最新开发内容。北京市基础教育信息资源服务体系的应用部署过程如图4-44所示。

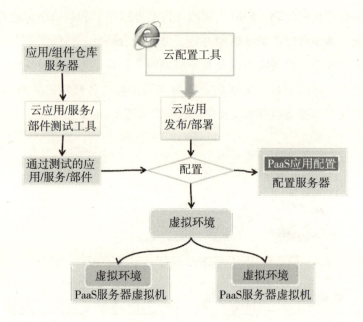

图4-44 应用部署示意图

现有典型 Web 应用运行环境如图 4-45 所示。后端逻辑实现的设计由应用驱动，后端逻辑实现与前端应用紧密绑定，典型例子为 JSP/ASP/PHP。其主要特点是客户端请求面向连接，包含连接状态。在这种模式下，系统伸缩能力有限，系统的可维护性和重用性较差。

现有典型 SOA 运行环境如图 4-46 所示，后端逻辑实现的设计由服务驱动，对外体现为模块化的服务。后端逻辑实现与前端应用松散耦合。客户端请求面向数据，无状态。这种模式的系统伸缩能力强，系统的可维护性和重用性较好。

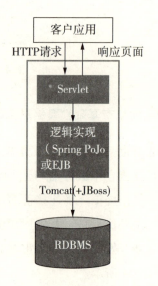

图4-45 典型的 Web 应用运行环境

PaaS 平台运行环境对外具有 SOA 架构的所有特点，北京市基础教育信息资源服务体系内部将深入应用 SOA 架构，逻辑实现内部由模块化的服务引擎部件完成。该系统的特点是具有高度的可维护性和重用性，支持多版本同时部署使用。

北京市基础教育信息资源服务体系应用运行环境的基本架构是客户端应用通过 Web 服务或 REST 服务访问 PaaS 平台上运行的后端应用服务。PaaS 平台运行环境的核心是 Java 应用服务器。应用服务由应用服务器的 SOA 服务引擎提供。应用服务的核心功能由组件提供。各组件松散耦合，封装特定的功能实现。本原型规定组件采用 OSGI 规范。基础目标下，运行环境组件主要提供两种组件：安全组件和数据组件。安全组件访问安全服务引擎提供单点登录。数据组件访问数据服务引擎，提供数据对象到关系数据库的存取。

云计算综合服务管理平台应用运行环境中主要包括以下几部分。① Eclipse Virgo：完全基于 OSGI 的 Java 应用服务器，内含 Tomcat，支持 Spring DM。② JBoss OSGI：JBoss 应用服务器的 OSGI 版，支持 Spring 和 EJB 3。③ MySQL：关系数据库服务器。④ Hadoop HBASE：基于列的分布式数据库，可高速处理结构简单的大规模数据。⑤ Hadoop HDFS：分布式文件系统，可高速处理大规模非结构化数据。⑥ MongoDB：面向集合的分布式文档存储数据库。

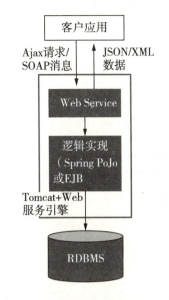

图 4-46　典型的 SOA 运行环境

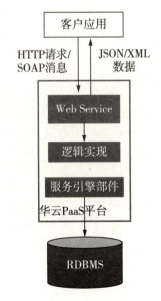

图 4-47　云环境 SOA 运行环境

负载均衡和容错是北京市基础教育信息资源服务体系成为一个稳定的高性能的系统的基本保障。对于北京市基础教育信息资源服务而言，大量的数据处理需要稳定性和有效性的保障。这一阶段为原型平台提供一套简单的负载均衡管理器。该负载均衡管理的基本工作原理如下。① 当一个 PaaS 平台通过其监控服务发现其负载情况超过预设的 SLA 的上限时，该监控工具向上报警。② 负载均衡工具在收到报警后首先将在正在运行的 PaaS 平台中寻找是否有 PaaS 平台可以为该 PaaS 平台分流。③ 如果没有，负载均衡管理器将通过 IaaS 启动一个新的虚拟机，在该虚拟机上将启动一个 PaaS 平台。④ 在被选择的分流 PaaS 平台上按照超负荷的 PaaS 平台上的配置情况自动进行配置。⑤ 在分流 PaaS 平台配置好后，负载均衡管理器根据负载均衡算法将一部分访问分流到分流 PaaS 平台上以降低超负荷 PaaS 平台的负载。

代码质量监控系统主要提供代码质量校验和审查。在云平台上，大量的组件需要被不同的应用反复重用，大量的应用和服务可能被不同的租户和用户重复使用。在这种情况下，代码质量的高低对系统的性能和稳定性具有重大的影响。该项功能可以有效地提高本原型系统中产生的代码的质量，从而进一步保证整个北京市基础教育信息资源服务体系的稳定性和效率。

现有北京市基础教育信息资源服务体系向云平台的迁移的方法如图 4-48 所示。将现有系统迁移到云平台的优点是：① 获得弹性伸缩的能力，提高性能、效率和稳定性；② 获得良好的可维护性和可扩展性。

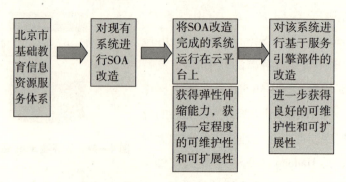

图4-48　现有系统向云平台迁移的方法

第五章
北京市基础教育信息资源服务体系的
建设与创新

一、北京市教育信息化建设发展的目标展望

根据《北京市中长期教育改革和发展规划纲要（2010—2020年）》，教育信息化属于"数字北京"建设的优先领域，北京市将构建支撑终身教育与个性化学习的环境，全面提升北京市教育信息化水平。其具体内容包括以下几个方面。

1. 优化教育信息化基础服务环境。依托首都数字化城市的整体发展战略，构建支撑每个教育参与者随时随地开展有效学习和工作的教育信息化基础服务环境。完成计算机等各类信息终端设施的配备与普及，推进数字化校园建设；制定数据、资源、服务等各类各层次的信息化标准和管理规范，奠定教育信息化发展的基础。

2. 加快推进首都教育信息化公共服务体系建设。构建以数据为基础，以信息资源为核心，多平台支撑，覆盖全市各区域、学校和家庭的首都教育信息化公共服务体系。建成涵盖教育资源共享与服务平台、基础数据管理与支撑平台、教育信息交流与服务平台等各类综合服务功能的专业教育门户；建成教育安全认证体系，提供全市教育统一实名身份认证

服务；创建网上社群，创新精细服务；建成教育专业搜索引擎，实现对各级各类教育信息、数据和资源的有效聚合及分类推送；创新资源内容，加强网络精品课程建设，引进国际优质教育教学资源，促进教育资源普及共享。

3. 创新信息化教育、教学与学习方式。以师生的学习与发展为核心，有效利用信息技术，创新教育、教学与学习方式。建成以学生学习为中心，融合校内学习与校外教育，跨越区域与学校，支持个性化与开放式的数字化学习环境，为终身学习能力培养奠定基础；整合各级各类教师研修资源，提供网络教研、在线培训、教学展示与交流、学业质量监控等服务，提高学校办学水平，促进教师专业发展；开展先进信息技术融入课堂内外的应用研究与实践，探索移动学习、普适学习等教育应用；构建服务网络学习平台，为用户提供丰富多样的终身学习服务，营造更加和谐的社会化学习环境。

4. 提升信息化管理与服务水平。建成衔接各级各类教育的电子政务体系，提升首都教育管理与服务水平。进一步规范和完善各级各类教育教学单位的管理信息化，建成全市教育决策支持系统，整合政策信息、地理信息、风险评估、监控预警等信息资源，加强动态监控，为宏观决策提供科学依据，提高危机处理能力；建成以市教委网站为窗口的首都教育公众服务体系，为社会公众提供公共教育信息服务，推进教育行政工作的科学化、规范化和公开化，由管理型逐渐向服务型转变，实现以人为本的政府服务理念。

这样的发展规划蓝图为北京市基础教育资源服务体系建设与创新奠定了坚实的发展基础。北京市基础教育资源服务体系将在过去建设成就的基础上，开启未来的建设和创新。本章将通过对北京教育资源网所依托的教育资源应用和服务平台的阐述，以实例的方式对北京市基础教育信息资源服务体系建设进行研究。

二、北京市基础教育信息资源服务体系的建设

（一）北京市基础教育信息资源服务体系概述

北京市基础教育信息资源服务体系建设是分阶段进行的。最初，依托"教育资源应用和服务平台"（以下简称"教育资源平台"）试图建立"资源分布存储，资源编目分级集中管理"的分布式教育教学资源管理与服务体系。北京教育资源平台于2003年9月开始策划，开展调研，了解需求，确定技术路线，制订建设方案，专家论证研讨，分阶段研发和测试，于2005年3月完成了研发任务。北京教育资源平台初步实现了以下几方面的服务功能。

1. 资源分布存储与共享：建立了市、区县、学校三级资源分布存储、资源编目集中管理的分布式教育资源管理体系。

2. 资源协作交流与共建：整合有效工具和服务，围绕教育教学相关主题，建成了一个广大师生共同创作、构建、整合与交流的协作环境；以扩展资源为载体，把各参与者的教育教学知识积淀下来，并促进其内化为个体的技能、思想和理念，应用于教育教学的实践活动中，服务于教育教学知识的交流、分享和共同建构。

3. 市场机制与资源建设：引入市场机制，通过网上结算的方式，吸引更多的企业参与到建设之中，同时鼓励广大师生利用网络开展教育教学活动。

4. 资源安全保护：采用数字签名技术，对重要的教育资源提供最强的版权保护，对服务器资源内容进行动态检测，防止资源内容被篡改。

5. 遵循并扩展标准：遵循教育部和北京市教育资源元数据规范并进行扩展，丰富资源的编目信息、描述信息，扩展资源的应用范围，使描述信息本身又成为一种资源。

6. 资源个性化定制：采用门户技术，为用户提供灵活多样的资源个性化定制服务。

7. 单点登录：通过统一认证系统，实现用户在多个系统之间的单点登录（只登录一次）。

8. 开放接口：开放用户统一认证接口、结算接口，方便第三方资源服务系统无缝接入资源平台。

9. 负载均衡：采用多层次负载均衡技术，解决了大用户量并发访问的问题。

北京教育资源平台拥有覆盖了各种资源类型、学科、年级和各类资源提供者的资源34万余条，同时拥有频道类、网站类资源5个，大大突破了原有资源组织与提供模式所能及的数量。该平台目前服务于北京市19个区县的广大中小学教师和学生，已拥有北京市中小学教师数据10余万条，中小学学生数据130余万条，实现了面向全市中小学师生的实名认证和多系统单点登录。由于该平台具有良好的开放性，近期将跨省市实现与其他地区的资源与数据共享，尝试创建全国教育资源联盟。该平台支持个人或团体的在线资源创作，在资源协作过程中教师获得的教育教学方法、技能、思想、理念等隐性资源，将转化为其自身的知识体系，应用于实际教育教学过程中，更好地为学习者服务。该平台在运作模式上，采用"后付费"的政府采购模式，由原来的政府采购、师生被动接受，改变为政府招标、企业广泛参与、师生自主选择、政府定期结算的模式，这种模式的采用最大限度地满足了用户的需求，极大地提高了投资效益。

总的来看，北京教育资源平台在遵循教育部和北京市教育资源元数据规范的基础上，引入市场竞争机制，整合资源，广泛吸收，突出服务，鼓励应用，为广大师生和各类资源提供者提供了一个资源交换、共享、协作、交流的集散环境，在一定程度上满足了师生个性化的需求，有效提高了资源利用率。

（二）北京市基础教育信息资源服务系统的组成

北京教育资源平台主要包括资源网站、资源门户、后台管理系统、我的资源门户、资源工作室、用户统一认证系统、资源版权保护与防篡改系统、第三方资源厂商的服务提供系统八部分，如图 5 -1 所示。

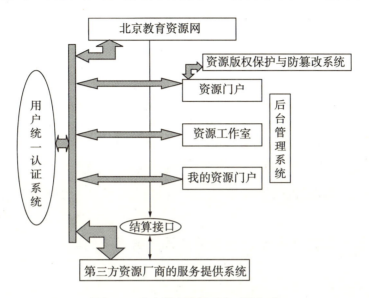

图 5 -1　北京教育资源平台系统组成

1. 资源网站：资源网站是北京教育资源平台对外发布的网站，该网站为广大师生提供了通用的交流、沟通、资源交换环境，并且为用户提供了到资源门户、我的资源门户、资源工作室等系统的入口。

2. 资源门户：资源门户以教育部和北京市基础教育资源元数据规范为基础，通过扩展，实现了更详细的资源描述，使资源使用者能够用自己日常熟悉的术语快速查找资源（简单检索、高级检索、按课程标准查找、按类型查找、按教材查找）和使用资源（上传、下载、购买、收藏、推荐、评价/点评），通过配置为资源使用者提供了更加个性化的资源服务。

3. 后台管理系统：执行支撑资源门户等系统正常运行所必需的后台管理任务。

4. 我的资源门户：基于门户技术，为资源使用者提供灵活多样的个性化资源服务。

5. 资源工作室：是一个资源建构、创作、整合与交流的个性化教育教学资源协作环境，为资源参与者提供广泛的教/学过程和活动（探究性学习、课题研究等）支持。

6. 用户统一认证系统：完成各个系统用户的统一认证，实现用户身份验证和单点登录。

7. 资源版权保护与防篡改系统：采用数字签名技术，对重要的教育资源提供最强的版权保护；对服务器资源内容进行动态检测，防止资源内容被篡改。

8. 第三方资源厂商的服务提供系统：通过本平台开放的统一认证接口、结算接口，第三方资源厂商的系统可以无缝集成到本平台中。已经成功集成到本平台的第三方资源厂商开发的服务提供系统有联想传奇的VOD 视频点播系统、北大方正的数字图书馆和网上数字书店系统、软件租赁系统、智能组卷系统、单词记忆、心理测评等 11 个服务提供系统。

（三）北京市基础教育信息资源服务系统的结构

1. 资源分布存储、集中管理。

北京教育资源平台采用"资源分布存储、资源编目分级集中管理"的建设模式，使市级资源库、区域资源库、学校资源库形成一个有机的资源库群，如图 5－2 所示。

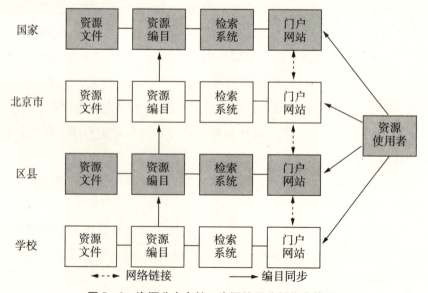

图 5－2　资源分布存储、资源编目分级集中管理

如图 5 - 2 所示，资源分布存储是指各学校有各自的资源库，区县资源站点中存放有区县的资源库，北京市信息资源中心存放有北京市的资源库，这些资源库之间不一定是包含关系。

资源编目分级集中管理是指在学校、区域和北京市各级都有自己的资源编目，学校的资源编目只有学校自己的资源，区域的资源编目包括各学校的资源编目以及区域资源库的资源编目，北京市的资源编目包括各区域的资源编目以及北京市资源库的资源编目，这些资源编目之间是包含的关系。

2. 系统边界。

北京教育资源平台是以因特网为基础设施并完全体现"Selling Services（销售服务）"概念的应用系统。通过语义环境变换，整合有效工具和服务，围绕教育教学相关主题，建设一个共同创作、构建、整合与交流的协作环境；用扩展资源把参与者的教育教学知识进行集成，并促进教育资源相关者（教育工作者与学生）将其内化为个体的技能、思想和理念，应用于教育教学的实践活动中。

北京教育资源平台是连接教育资源相关者、服务、标准/规范、系统和信息的桥梁。图 5 - 3 中曲线圈定的范围表示该平台的覆盖范围。北京教育资源平台包括以下外部接口：（1）与教育工作者和学生之间的个性化访问接口；（2）与北京资源管理平台系统配套的结算中心之间的接口；（3）与管理信息系统之间的接口（双向）；（4）面向第三方开放编程接口；（5）与其他资源系统或其他教育应用系统之间的接口（双向）。

北京教育资源平台以服务的形式为用户或平台提供标准资源的上传、编目、下载、检索、存储等功能。

北京教育资源平台结合新课程标准和国家相应的规范或标准，对原来有关标准资源运用的内容和标准资源的定义进一步整合和外推，形成容易理解、轻松参与、自然传播教学思想和方法的扩展资源应用和服务环境。

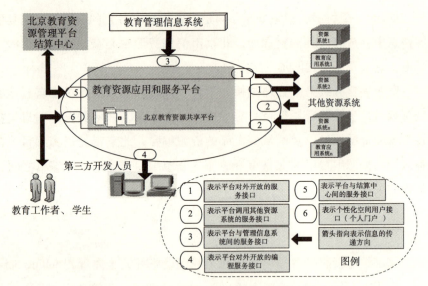

图5-3 北京教育资源应用和服务平台的系统范围

3. 平台体系结构层次描述（堆栈视图）。

北京教育资源平台有四层结构：表示层、业务逻辑层、存储层和网络层。其中业务逻辑层和存储层包含了与教育资源（标准资源和扩展资源）相关的所有服务和组件，如图5-4所示。

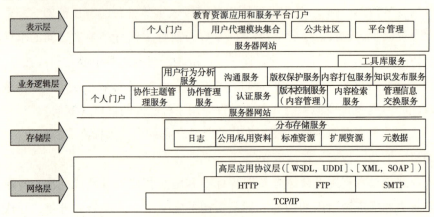

图5-4 教育资源应用和服务平台层次结构

（1）表示层。主要为参与者提供对平台服务和功能进行访问和交互的人机界面，该界面通过个性化的个人门户、公共社区和平台管理进行展现。参与者对平台的访问只能通过各种用户代理模块（工具或小应用）

进行。用户代理模块包括扩展资源的创作、版本控制、协作管理、沟通、扩展资源打包与发布、布局设计等。用户代理模块是在业务逻辑层提供的服务集合的基础上实现的。

（2）业务逻辑层。业务逻辑层提供了所有表示层需要的服务和组件的高层集成服务，包括版本控制、协作、主题管理、协作主题管理、扩展资源协同制作、扩展资源检索、扩展资源发布、用户行为分析等。

（3）存储层。存储层对表示层产生的工作成果、日志、扩展资源元数据、标准资源元数据进行永久性或临时存储需求响应。

（4）网络层。网络层是教育资源应用和服务平台体系结构和层次结构的基础。它是独立于资源应用和服务平台问题域的。它依赖于 HTTP、FTP、SMTP、CHAT、TCP/IP 等网络服务，并利用 XML Web Services Communication、SOAP、UDDI、WSDL 为平台提供强大的可伸缩能力。

北京教育资源平台采用"面向组件"模型进行实现，各个对象或服务都是以组件的形式存在的。为保证平台的可伸缩性，各个层次之间的协同只能通过层次之间的服务接入点（下一个层次公开的服务集合）对下一个层次提供的服务进行调用，不允许"贯穿式"的访问，各个层次内部或自含的服务之间的关系对上一个层次和下一个层次保持透明。

（三）主要业务分析

北京教育资源平台是北京市基础教育信息资源服务体系建设最初的基本载体。该平台为教师之间的教学经验交流、教案合作编写提供交流与协作环境，协作成果可供其他教师学习参考，为教师指导学生进行探究性学习提供支持，为学生之间的学习交流提供条件。其主要业务可以从用户的角度、扩展资源的角度和协作的角度进行分析。

1. 用户角度。

从用户使用角度描述北京教育资源平台，其用户可以粗略分为注册用户和过客用户两类，下面从这两类用户的角度对各自的业务过程进行介绍，如图 5 - 5 所示。

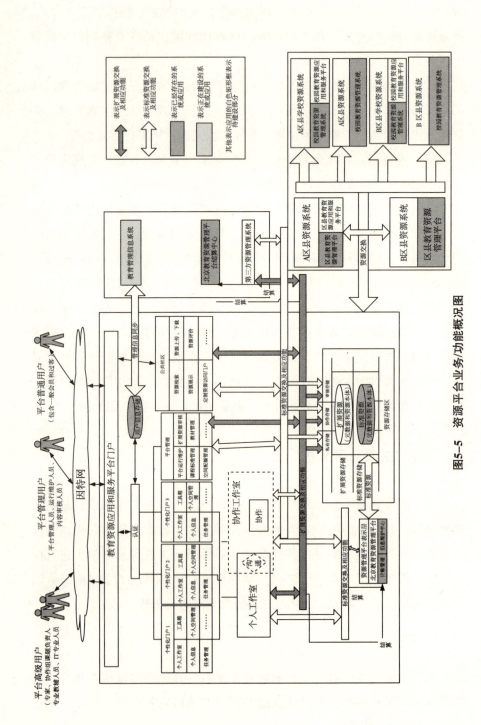

图5-5 资源平台业务/功能概况图

（1）注册用户。包括高级用户、普通用户和管理用户三类。

① 平台高级用户。平台高级用户是指能够定制个性化门户，拥有个人工作室，以独立工作或参与协作工作室的方式进行扩展资源建构工作的用户。例如 IT 专业人员、学科专家、专业教辅人员、协作课题带头人等。

平台高级用户可以根据自己的爱好和平台提供的可定制工具库，自由定制个人门户的外观，在个人门户中进行工具定制、个人空间管理、个人信息管理、管理独立任务和协作任务、订阅资源等工作。

平台高级用户通过因特网/教育网访问北京教育资源平台，经过系统用户身份认证，进入个性化门户。

具有创建协作工作室权限的用户可以创建协作工作室，确定该工作室的协同任务，接纳其他用户加入协作组，共同完成扩展资源的建设，通过版本控制和协同形成扩展资源的组员建构版本和经过审核的公共建构版本。

平台高级用户可以在个人工作室中独立开展扩展资源建构，扩展资源建构过程保存在用户的私有存储空间，建构的扩展资源以该用户的个人名义发布，工作成绩属于个人，在扩展资源的建构过程中，可以与平台上的其他用户进行沟通。

平台高级用户也可以在经过授权的前提下在个人工作室中与协作工作室其他成员共同建构扩展资源，在扩展资源共同建构过程中，协作组成员之间通过实时/非实时方式进行交流与沟通，建构的扩展资源可以有各个成员各自的个人建构版本，还可以有在协作组成员达成共识的基础上以协作组名义发布的公共建构扩展资源版本。

平台高级用户的工作成绩可以与积分（或其他激励机制）联系，鼓励用户积极参与扩展资源的建设。

通过版本来控制发布的扩展资源。在某一任务的建构过程中，可以在用户认可的任何阶段发布扩展资源，同一任务在不同阶段发布的扩展资源将以版本方式进行控制。

个人工作室发布的扩展资源进行私有存储，协作工作室发布的扩展资源进行协作存储。个人/协作工作室发布的扩展资源经过审核后进行审核存储，作为该平台正式发布的扩展资源。

② 平台普通用户。平台普通用户是指不拥有个人工作室，不能参与

协作资源建构的用户。此类用户是教育资源应用和平台提供的服务与产品的消费者。

平台普通用户不能建构资源，只能进入公共社区，参加社区讨论与交流、定制个性化资源访问门户、评价资源、上传/下载（或购买）资源，检索并查看发布资源（由个人、协作组或平台管理者发布的标准资源和扩展资源组成）。

平台普通用户可以通过一定的程序申请成为平台高级用户。

③平台管理用户。平台管理用户是指平台系统管理人员，包括平台运行维护人员、资源审核人员、管理委员会成员和专家委员会成员。

平台管理包括平台运行维护、用户行为分析、资源审核、资源价格管理、课程标准管理、教材管理、用户存储空间配额管理，可以在区县与学校的资源平台之间进行资源同步，可以将教育管理信息系统的管理信息同步到资源平台，管理本平台与第三方资源管理系统之间的资源（标准资源和扩展资源）交换。

（2）过客用户。平台过客用户不是平台的正式注册用户，此类用户是教育资源平台提供的免费服务和产品的消费者。平台过客用户只能进入公共社区，不能定制个性化资源访问门户，可以检索并查看发布的资源（由个人、协作组或平台管理者发布的免费标准资源和扩展资源组成）。

2. 扩展资源角度。

从扩展资源建构角度描述的教育资源平台，可以从以下六个方面进行分析，如图 5-6 所示。

（1）参与者在个人工作室通过资源收集、创建扩展资源，或在协作工作室协同建构扩展资源，发布扩展资源，完成扩展资源建构的全过程。

（2）资源收集：指通过对该平台的资源进行查询或通过对第三方资源管理系统进行可用资源查询来收集资源。

（3）创建扩展资源：指参与者按照一定的结构对查询结果进行有效组织、改进与完善。参与者在协同建构过程中，通过协作交流区进行协作沟通。

（4）发布扩展资源：资源建构到适当阶段，可以进行资源内容封装

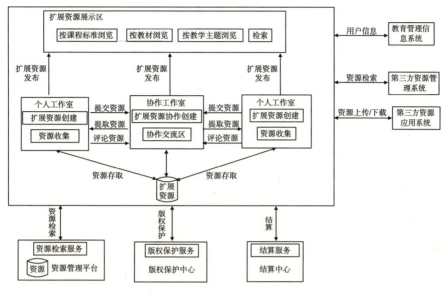

图 5-6　扩展资源建构示意图

与发布，扩展资源的封装满足教育规范的要求，不但可以在该平台上供其他用户共享，而且能在满足教育规范要求的第三方资源应用系统中使用与交流。

（5）扩展资源展示：已发布的扩展资源可以通过课程标准/教材/教学主题进行组织，方便用户通过多个途径浏览资源。

（6）获得扩展资源：用户可以订阅资源，已定价的扩展资源通过结算中心提供的结算服务进行资源交易。扩展资源可以通过版权保护中心提供的版权保护服务进行扩展资源保护。

3. 协作角度。

从协作的角度观察北京教育资源平台，资源工作室的协作组由组长、小组成员和观察员组成。

（1）组长：负责围绕某教学主题建立协作任务（在统一建模语言 UML 术语中称为活动），确定任务架构，提出具体的协作建构要求，从而确定初始的任务（图 5-7 中以长方形框表示"任务"对象）。

（2）小组成员：协作组组长建立初始任务后，小组成员通过资源平台或第三方资源系统提供的资源检索服务查询创作需要的资源，并利用这些资源对任务进行建构。通过版本控制和沟通，这一过程将不断得到改进和完善。根据各自的权限，不同组员可以修改、删除和查看任务的建构过程和协作成果的不同部分。

（3）观察员：可以查看该组已经发布的各个任务的全部协作成果及其协作过程，并可以参与沟通。

图5-7简要地说明了协作过程，该图采用统一建模语言描述了协作工作室中扩展资源的协同创作流程，顶部列出了参加协作的对象或实体（协作组组长、协作组成员、观察员、资源库），以垂直竖线分隔各个协作对象，形成各自的泳道，每个对象所进行的"活动"在各自的泳道中体现，对象之间的活动顺序由穿越泳道的连线表示。

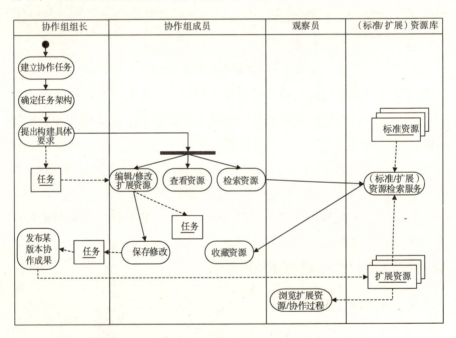

图5-7 扩展资源协同创作流程

三、北京市基础教育信息资源服务体系建设的创新

如前所述，北京市教育信息化建设在基础设施、教育管理、海量资源会聚与服务、教师研修支撑、学生学习与发展、新课程实施与管理、教育质量监控与评价方面在市级层面上都开展了扎实的工作，相关工作成果已经深入到区县和广大中小学校，这些工作及其形成的基础为全市基础教育信息化建设的发展奠定了很好的基础，同时更重要的是推进了全市范围内教师、学生信息化素养与能力的提升。

当前，我们应进一步推进北京市基础教育信息化建设的发展，使其更有效地应用现有教育信息化建设成果，使现有信息化建设的成效更加有效地发挥在教育教学、管理、教研等基础教育关键业务中。同时，我们应在现有工作基础上，开展大规模、深层次的资源、系统及跨越组织边界的整合和服务，并在总体发展追求上为学生的学习服务、为学生的个性发展与成长服务，为学生创造融合课堂内外的信息化支撑环境，培养学生在线学习、自主学习、协作学习的能力。

云计算为聚合海量教育资源，开展在线教育、教研、教学服务，促进各业务系统功能的整合与协作提供了充分的可能。因此，打造北京市基础教育信息资源服务体系（基础教育云）已成为推进北京市基础教育信息化建设进一步发展、探索新型教育信息化建设与推进模式的新机遇，通过北京市基础教育云平台的建设，为教师教学、学生学习的全程化活动提供一体化的、便捷的应用空间。

（一）北京市基础教育信息资源服务体系的架构

北京市基础教育信息资源服务体系架构设计的基本思想是，根据现有云计算的服务类型分类，将构建中的北京市基础教育云服务分解到三个层次上，即 IaaS、PaaS 和 SaaS 三个层次，并将北京市基础教育信息化建设成果所对应的服务以及云计算特征典型的服务融入其中，如图 5－8

所示。

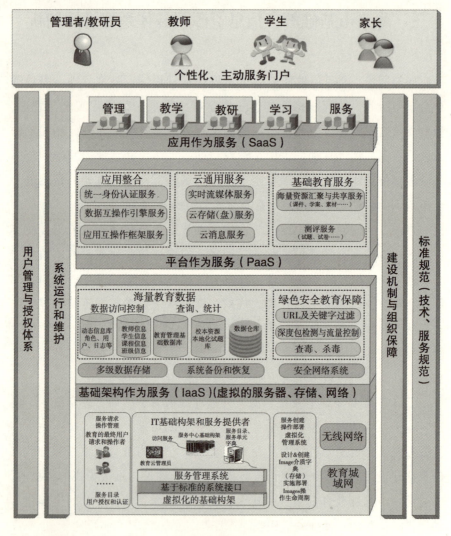

图5-8 北京市基础教育信息资源服务体系（基础教育云）体系架构

1. 在IaaS层，云所提供的是教育信息建设基础架构及其对基础架构的服务。通过基础架构，可实现对服务器、存储器及网络的虚拟化管理，从而可自动地管理和动态地分配、部署、配置、重新配置以及回收资源。这一基础架构具有性价比高（将数量庞大的廉价计算机放进资源池中，用软件容错来降低硬件成本，性价比提升可高达5—10倍，为区域教育信息化整体推进的成本节约带来可能性）、可靠性高（消除单点故障造成的稳定、可靠性问题，为教育组织和学校提供稳定的教育信息化服务）、扩展能力强（可根据需求随时扩大资源池中的计算能力和存储能力，不受任何边界限制，为区域教育信息化建设应用类型的扩展和应用规模的扩大提供便捷的设施）、按需使用（根据用户需要为用户分配相应的计算资源与存储资源，并可随时调整）的特点。

因此，云计算将为教育用户提供按需使用、随时扩展、易于管理和安全可靠的弹性基础教育信息化支撑设施。为使云计算能够更加有效地适应基础教育发展的需求，创建高可用性的、稳定的云服务环境，在 IaaS 层提供海量教育数据服务和绿色安全教育保障服务。在海量教育数据服务部分，提供多级数据存储、系统备份和恢复等服务，以实现对海量教育数据可靠、稳定的存储与应用。绿色安全教育保障服务要在绿色信息空间创建、病毒防护、流程监控与控制等方面提供有效的服务，为安全、高可用性的教育云平台环境提供基础支撑。

2. 在 PaaS 层，云所提供的服务来源于北京市基础教育信息化建设先前开发的平台与系统的共性基础需求，该层将为 SaaS 层服务提供共性的、基础性的服务，包括应用整合服务（统一身份认证服务、数据互操作引擎服务、应用互操作框架服务）、教育基础服务（海量资源会聚与共享服务、测评服务）、云通用服务（实时流媒体服务、云存储服务、云消息服务）等。其中，应用整合服务为上层云服务提供不同层面的整合能力，是促进 SaaS 类云服务有效整合的基础。统一身份认证服务提供用户单点登录、统一身份认证、上层云服务全系统漫游的基础，以提升用户应用云服务开展教育教学的用户体验。数据互操作引擎服务提供的是 SaaS 类云服务中各类服务之间数据互操作的基础，以实现各类 SaaS 类云服务之间数据的有效流转。应用互操作框架服务为 SaaS 类云服务提供功能集成和关联的能力。

教育信息资源基础服务和云通用服务虽然具有 SaaS 类云服务的特征（它们能够直接为教育用户使用），但从更普遍的意义来看，这类服务更应融合到教育云更上层的其他服务中，并可被其他服务编程应用，如教师备课服务、教师研修服务、在线学习服务等。教育基础服务中包含海量资源会聚与共享服务，该服务提供从其他应用中会聚资源的功能（如从 SaaS 类教师研修云服务中来的生成性资源、从学生在线学习中来的学生提交的可共享资源等），并支持海量会聚的资源在其他 SaaS 类服务中的应用（如 SaaS 中的教师备课服务）。教育基础服务中包含测评服务，测评服务可以为各类其他需要评价的 SaaS 类服务提供支撑。云通用服务包括实时流媒体服务、云存储服务、云消息服务。其中，实时流媒体服务提供实时交互功能，可以整合和内嵌在所有需要有效交互的 SaaS 类服务中，如教师研修服务、家校互动服务、在线协作活动等。云存储服务为教育用户个体或群体（指组服务）利用云服务开展数据存储、数据交换、移动教学/学习提供支持，可以为 SaaS 类的各类服务所使用。

3. 在 SaaS 层，依据教育系统中的各类用户，提供具有岗位特征及各类角色特征的服务，所提供的服务包括管理类服务、教学类服务、教研类服务、学习类服务以及促进教育开放的各类服务。当前，像 CMIS 类、社会大课堂、教师研修网、综合管理与评价应用都是此类服务。在云服务环境下，这类应用将充分应用教育云所提供的 IaaS 和 PaaS 类云服务的能力，在服务规模的可扩展性、服务的稳定与可靠性、服务与其他各类相关云服务的可整合性等方面大为提升。

除了上述几方面之外，有效的教育云支撑离不开促进云服务规范生成、保障云服务有效运转的支持服务等方面。因此，在构建北京市基础教育云的过程中，在教育云建构的相关规范（包括技术规范和服务规范等）、教育云的建设机制与组织保障机制、教育云系统的运行与维护、教育云用户管理与授权体系等方面形成了与云设施部署、云服务提供相配套的保障条件建设，构建了跨组织、跨领域的协作环境。

在上述各级云服务的基础上，最终将为与教育相关的各类用户提供个性化的、主动的服务（这需要在各个 SaaS 类云服务的生成中充分应用云消息服务所带来的潜能），这里的用户包括管理者/教研员、教师、学生、家长等。

（二）北京市基础教育信息资源服务体系的服务拓展

教育云建设是一项复杂的系统性工程，既涉及基础设施建设，也涉及各类基础云服务的成熟与完善。伴随北京市基础教育信息化的建设，一些 IaaS 和 PaaS 类服务已经成熟，如 CMIS 所带动的基础数据体系、教育资源网建设所带动的统一身份认证服务、中小学数字校园及 CMIS 应用所带动的数据互操作引擎服务等，为构建北京基础教育云奠定了很好的基础。结合北京中小学信息化建设的实际情况，以打造适应学生在线学习和自我发展的云服务为主导，推进基础教育云工程的开展，并以此为契机构建适应北京基础教育发展需要的教育云。相关服务如图 5－9 所示。

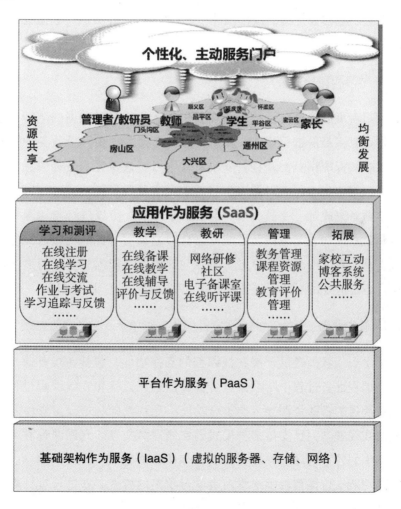

图 5－9　以学生学习服务为主体的北京基础教育云（Bjlearning-Cloud）

从总体规划上来看，北京基础教育云是主要为学生学习提供服务的基础教育云，通过这一教育云服务，能够为学生提供在线选课、在线听课、在线学习、在线交流、在线测评等贯穿学生学习全过程的学习支撑功能，同时，为学生提供主题丰富的、适合学生认知特征的、交互性强、适用性好的在线数字化学习资源。将这一学习支持功能延伸到教学、教研、管理、家校互动等环节——允许学校、教师个体开课，允许学生自由选课，允许学生的选课成绩成为其学校学籍中的有效部分，允许学生家长参与学生在线学习的选择、辅导等。图 5 - 9 所示的各项功能是紧紧围绕上述功能而设定的，这些功能以 SaaS 形式对外提供。上述服务简要描述如下。

1. 学习和测评服务。

学习者可以依据自己的需要在云中注册，为促进数据的流转，学习者必须以真实身份进行注册。注册者可以选择系统中开设的各种实时类课程或在线资源浏览类课程。学习者在学习所选课程的过程中，可以随时通过网络与参与同一门课程学习的学生或课程开设教师进行讨论和交流。学习者完成某一主题、某一课程的学习后，可以进行与课程单元或课程相配套的作业与考试。系统可以自动记录学习者的学习情况与学习过程，从而对学习者的学习进行追踪与评价，并依据学习者的学习过程情况进行适应性的反馈，包括有效的、有针对性的资源推送等。

2. 教学服务。

为学校或教师提供开展在线课程的支撑功能，包括在线备课，允许教师在课程准备过程中听取来自各方面的建议以优化在线课程设计，系统支持快速的备课资源导入与整合功能。允许教师利用云流媒体服务开展实时在线教学，且支持多种模式的在线课堂交互。允许课程教师回答选课学生的各种问题，并以灵活的、多样化的方式支持在线辅导。评价与反馈功能支持课程教师对学习者学习状况的检查，并进行有针对性的辅导和帮助。

3. 教研服务。

使教师能够有效地驾驭信息技术，开展信息技术环境下的教育理念和教学技能的提升，教研服务提供给教师群体以网络教研活动支持、协作电子备课、在线听评课等功能，以群体教师的智慧促进教育云服务中教师在线授课能力及在线课程创建能力的提高。

4. 管理服务。

管理服务指为促进基础教育云服务中学生学习的有效开展而进行的相关管理服务，其基本功能包括：教育管理，基础教育云中的课程应该能够和学习者所在学校的课程进行对接和编排；课程资源管理，提供对基础教育云中的课程资源进行统一管理、质量保证并从组织管理角度进行有效评价等功能，以保证基础教育云服务中课程类资源的权威性、时效性和有效性；教育评价管理，提供对基础教育云中所开设课程的全程质量监控与管理功能，包括课程的开设、实时课程质量的评价与反馈、在线课程资源质量的评价与反馈，以促进基础教育云中课程质量的持续改善和优化。

5. 拓展服务。

为促进基础教育云服务在全市范围内的有效推进和应用，提供相关的拓展服务，主要包括：家校互动服务，将学习者的学校表现从学校延伸到教育云上，促进家长依据学习者的教育情况、学习情况从教育云的课程和在线资源中对其进行教育和学习发展的支持，提供学习者自我测评基础上的家校互动评价；博客系统，可将基础教育云中各类用户依据主题、学习者群体、家长群体、学生发展成长、知识分类等进行各种类型的分类，形成有效的互动社区，促进基础教育云服务中各类资源的应用和发展，促进教育用户的开放交流；公共服务，提供如公共信息发布、教育云服务发展等动态、公共类的信息，以促进全市范围内教育信息的统一门户公众发布，为广大学习者、家长和社会服务。

通过上述各类服务的提供，最终能够实现灵活的用户、课程管理及设置，实现各类课程的开设、在线学习管理及评价，实现优质学习资源的快速传播与充分共享，有效促进交流与协作，满足广大师生对有效学习资源的需求。通过上述基础教育云服务的组织与实施，最终为全市范围内的教育用户提供资源互补、均衡发展的云应用环境，带动全市范围内基础教育优质资源的共享，推进教育均衡发展。

要保障上述云服务环境持久、健康、生态化的运行，必须解决与教育云服务建设相配套的相关问题。当前，以学生学习为中心的云服务环境还应该在以下方面继续改进。

1. 学习资源标准研究与建设。

（1）研究制订北京教育学习资源的元数据标准；（2）研究制订北京教育视频资源格式与技术标准；（3）研究制订北京教育学习资源评估标准；（4）研究制订北京教育学习资源分类标准；（5）研究制订北京基础教育在线学习评估模型。

2. 学习资源优化与建设。

按照教师与学生的不同需求分别组织建设一批有针对性的优质学习资源。

教师学习资源包括以下内容。

（1）精品课例：提供各学科的优质视频课例，可依托基础教育教研中心征集、评选并整理一批课例，供广大教师学习参考。

（2）专题课程：根据一线教师的需求，由信息中心组织策划、录制一系列高质量的专题培训课程，包括新入职教师基础培训系列、班主任工作方法与技巧系列、学科教师教育教学方法提升系列、网络管理教师工作技能提升系列等。

（3）名校名师资源：由信息中心负责购买、征集、录制一批世界及北京地区名校名师的课程资源，供广大教师借鉴学习。

（4）研修培训资源：依托教研中心、教育学院，整合已有的研修培训资源，在学习平台上统一呈现，供教师使用。

（5）交流资源：由一线教师自主拍摄录制的教育教学类短视频资源，

由教师上传并经审批后发布在平台上，供教师交流研讨。

学生学习资源包括以下内容。

（1）同步课程：择优委托部分区县选择名校承担同步课程的组织与录制工作，按照几个主要版本的教材制作主要学科（小学：语文、数学、英语；中学：语文、数学、英语、物理、化学、生物）的同步课程。内容以课堂实录为主，辅以作业与测评，供广大学生、家长学习与参考。

（2）网修课程（支持学分认证）：由课程中心、教研中心合作完成高中阶段五门左右网络课程标准选修课的制作，内容包括课程说明、课程讲解、课后练习、参考资料、测评题库。学生可根据爱好自主选择学习课程，并在按要求完成学习后，获得该课程的相应学分。

（3）主题串讲：信息中心、教研中心合作，针对学生在各主要学科学习中的难点、重点问题，围绕考试，邀请名师进行重点讲解，该类讲座根据主题划分，如小学数学分数的问题、中学物理做功的问题、中学数学因式分解的问题等。同时也可以制作一些专题复习课，由名师进行中、高考前的复习串讲。此类资源力求精干、成为精品，以切实帮助学生解决学习中的困难。

（4）在线答疑：由市教委牵头，各区县参与，定期（如每周一次）组织教师开展网上在线交流答疑。答疑时间可在每学年初安排，每周依次安排不同学科及年级的答疑内容，在中、高考期间可以密集安排几场有针对性的考前咨询答疑。将排定的答疑时间表通过网站及多种渠道向学生及家长公布，请他们根据需求参加相应场次的答疑活动。信息中心负责提供技术支持。

3. 运行服务机制研究与建设。

为了保障学习与服务平台的顺畅、持续良性运转，建议组建专业的服务团队，负责平台的技术支持、内容维护及平台服务，同时由市教委研究出台相应的配套政策，以激励师生的参与共建。

（1）配套政策的研究与制定。教师在线研修的相关要求及工作量计量的研究与政策制定；课程资源的建设与共享机制的研究与制定；学生在线学习的相关要求及配套政策研究与制定；学习与服务平台建设与维护经费保障研究；学习与服务平台运行维护及人员保障机制研究。

（2）服务团队的组织与管理。

创新管理体制，采取能进能出、优胜劣汰的市场机制，组建专业团队，承担平台的建设策划、内容维护、技术支持、用户服务及部分课程制作的工作，确保平台的服务质量及持续发展。

（三）北京市基础教育信息资源服务体系的工程建设

1. 系统开发。

北京教育资源平台系统将应用计算机发展的前沿技术和成果来加速和优化开发设计过程。按软件工程的思想来对整个项目的设计开发过程进行规范管理，采用配置管理工具对软件开发过程中的资产进行管理，同时引入风险控制、变更控制机制，以便能更快开发出高质量的产品。此外，对项目组的工作进行质量控制，加强外部监督、检查，在关键处进行正式评审。

系统采用面向对象的分析和设计方法，软件的设计建模采用 Rational Rose 工具进行 UML 统一建模。在开发语言上以 Java 语言为主，这样可以利用互联网上丰富的开源项目，加速系统设计开发进度；同时，采用 Java 语言开发出的软件也具有很好的平台无关性和可移植性。系统采用 J2EE 体系架构，由用户层、表示层、业务层与系统层组成，这种结构可以将显示逻辑、业务逻辑、数据模型进行良好隔离，使系统具有可扩展性。系统中一些公共服务（如用户认证、内容检索）采用 Web Service 技术实现，以体现本平台所倡导的"Selling Services"的理念。

系统使用 XML 作为信息交换的基础，遵循全国信息技术标准化技术委员会教育技术分技术委员会颁布的一系列标准，如学习对象元数据规范（CELTS - 3）、内容包装规范（CELTS - 9）、教育管理信息系统互操作规范（CELTS - 40）、基础教育教学资源元数据规范（CELTS - 42）等，同时参照国外同类标准，如 LOM、LMS、SIF、SCORM 等。

在系统展现形式上，将使用 Portalet 技术，将系统功能页面以一个个 Portalet 的形式展现出来，以便用户对其门户进行个性化定制。

2. 系统部署。

北京教育资源平台的部署采用以下结构：客户端—Web 服务器—应用服务器—数据库服务器。Web 服务器实现表示逻辑，应用服务器对业务逻辑进行封装，数据库服务器对数据进行存储与管理。

北京教育资源平台是一种基于 Web 的允许多用户并发访问和支持大数据量存储的应用平台，因此为解决大量用户并发访问时单台设备出现的瓶颈问题，在部署系统时在 Web 服务器、应用服务器和数据库服务器层采用了集群和负载均衡等技术，使系统能支持更多用户访问。同时，也需要在 Web 服务器上采用动态页面缓存技术，减少不必要的数据库操作，加快页面响应速度。

为存储用户上传的大量资源文件，系统使用了大容量（TB 级）的磁盘阵列或 NAS，系统还提供 FTP 服务供用户方便快捷地上传/下载资源。系统中使用的数据库支持大容量、高并发访问，具有高查询性能，以及很强的可用性、可靠性和可伸缩性。

3. 主要技术难点与解决方案。

（1）资源分布存储、集中管理。采用了资源编目定时/手工同步更新技术，将分布存储的资源编目信息（区县、学校）向上逐级同步到市级资源平台。在市级资源平台查找到资源后，通过资源跳转，最终又能回到资源"来源"平台。

（2）支持大用户量访问。Web 应用系统采用了多级负载均衡技术（DNS 负载均衡、硬件负载均衡、软件负载均衡）、动态页面缓存技术。数据库服务采用读/写分离的主/从式数据库负载均衡与数据同步复制技术。图 5－10 为数据库服务负载均衡示意图。

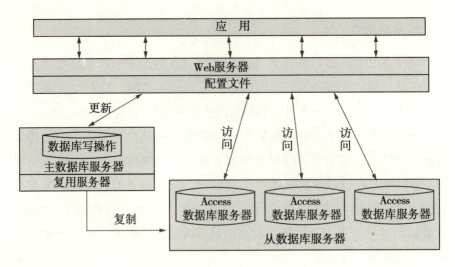

图 5 - 10   数据库服务负载均衡示意图

各服务器职责说明如下。配置文件：负责配置数据库的连接。外部应用通过该配置文件能准确地知道该使用哪一种类型的数据库和使用哪一个数据库。主数据库服务器：1 台服务器，支持数据库的所有更新操作（信息的增加、修改、删除），管理数据库的所有事务。从数据库服务器：为外部应用提供访问服务，它可以存在多个服务，以分担外部应用频繁访问数据库的压力。复用服务器：负责将主数据库的数据复制到从数据库中，以确保主、从数据库数据的一致性和完整性。

（3）资源个性化定制。采用门户技术，通过门户组件的定制，实现灵活的资源个性化定制。

（4）资源协作交流与共建。采用门户技术，通过门户组件的定制，实现资源工作室。通过授权，用户在资源工作室中可以进行资源的协作交流与共建。

4. 系统模型构建

UML 统一建模语言是一种基于面向对象的可视化建模语言，北京市基础教育信息资源服务平台采用面向对象的思想进行设计，具有系统的详细设计过程，包括用例图、顺序图、类图的设计。下面按照各个功能模块逐一论述设计过程。

（1）学习和测评服务模块。

① 功能逻辑设计。

教育资源服务平台的学习和测评服务模块主要为使用系统的用户提供学习和测评服务，主要包括用户的注册、登录、学习、考试与交流等。注册模块用于为用户提供注册功能，用户填写相应的注册信息并选择注册的用户类型，经过系统管理员验证后即可成为合法用户。用户在登录模块中输入用户信息和密码，登录模块根据这些信息判断是否是合法用户，并根据合法用户的不同来显示相应的界面内容。学习模块用于提供资源检索、资源下载、在线学习等功能。考试模块用于提供参加考试、评判分数、查询成绩等功能。交流模块提供在线交流功能。

根据以上功能需求，且学习和测评模块的主要参与者是学生，所以教育资源服务平台的学习和测评模块的用例图如图 5-11 所示。

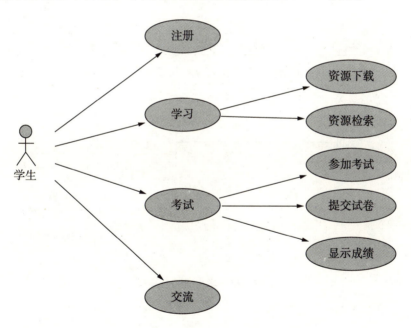

图 5-11　学习和测评服务模块的用例图

根据用例图中的使用案例，设计出学习和测评模块各业务功能的顺序图，包括"学生注册顺序图""学生学习顺序图""学生考试顺序图""学生交流顺序图"。

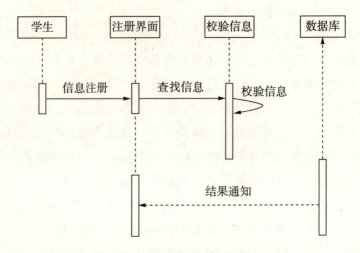

图 5-12　学生注册顺序图

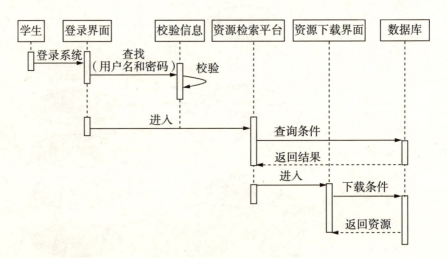

图 5-13　学生学习顺序图

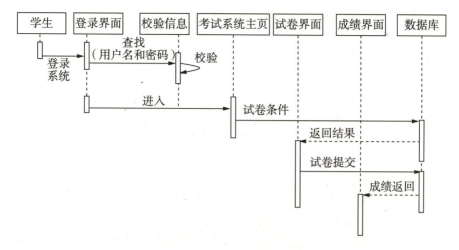

图5-14　学生考试顺序图

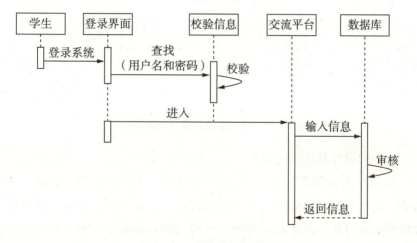

图5-15　学生交流顺序图

② 概念模型设计。

建立概念模型，就是构造整个系统的类，是系统设计中最重要的一步。概念模型设计的主要工作是将业务分析中抽象出来的类进行细化并进一步完善，需要对系统内类的属性和操作以及类之间的关系做出完整定义。

本模块的功能是使学生可对资源进行下载和搜索，并且可参加在线考试与在线交流，故动作的发起者"学生"和动作的接受者"资源""考试""交流信息"可以被当作主要的实体对象抽象出来，形成领域类。

对于学生注册、学生检索/下载资源、学生参加考试等具体动作，可以由抽象出的"学习和测评服务接口"及"学习和测评服务实现类"来统一提供服务，其类图如图5-16所示。

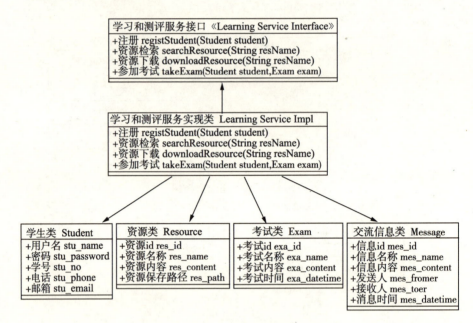

图5-16　学习和测评服务模块的类图

对类的设计具体描述如下。

A. "学习和测评服务接口"作为边界类，为用户提供了注册、资源检索、资源下载和参加考试几个功能接口。该类中的四个相应操作没有实际的操作过程，而是通过调用"学习和测评服务实现类"中的对应函数实现。

B. "学习和测评服务实现类"通过调用实体类以及与数据库的交互来完成提供给用户的四个功能。其中"注册"功能需要创建一个"学生类"实例，用户进行注册时需要判断数据库中是否已存在该用户，注册成功后需要将该实例的注册信息写入数据库。"资源检索"和"资源下载"功能则需要通过资源名称来检索资源信息并实现下载。"参加考试"功能则需要创建"学生类"和"考试类"的实例，记录相关信息。

C. "学生类"记录了学生的相关信息，包括用户名、密码、学号、电话和邮箱，用户注册或登录时需要读取或存储相关的信息。"资源类"

记录了资源 id、资源名称、资源内容和资源保存路径，当用户要进行检索或下载时则需要依据该信息找到资源并提供下载。"考试类"记录了考试 id、考试名称、考试内容和考试时间。"交流信息类"包含信息 id、信息名称、信息内容、发送人和接收人以及消息时间。

（2）教学服务模块。

① 功能逻辑设计。

教育资源服务平台的教学服务模块主要为使用系统的用户提供教学服务。这个模块主要向教师开放，包括备课、教学资源操作、题库管理、考试管理以及辅导答疑等功能。备课模块用于提供课件添加、编辑和删除功能，教师可以直接在线进行备课，添加课件模板，进行编辑和删除等操作，新添课件经过系统专家审核后即可成为合格资源供学生学习。教师在教学资源操作模块中可以上传固定格式的教学课件和教学视频等资源，通过资源管理模块的资源审核，即可存入教学资源数据库中，提供教师在线学习或下载，同时，教师可以对上传的资源进行删除和下载操作。题库管理模块用于提供添加、编辑、删除试题等功能。教师通过试题添加形成题库，系统自动生成试卷，供学生在线参加考试。考试管理模块主要为教师提供组织考试、浏览考试、编辑考试、删除考试功能。辅导答疑模块为教师提供在线与学生交流的功能。

根据以上功能需求，教育资源服务平台教学服务模块的用例图如图 5 - 17 所示。

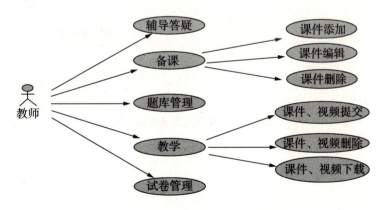

图 5 - 17　教学服务模块的用例图

根据用例图设计出的教学服务各业务功能的顺序图包括"教师注册顺序图""教师添加课件顺序图""教师编辑课件顺序图""教师删除课件顺序图""教师提交课件顺序图""教师下载课件顺序图""教师题库管理顺序图""教师考试管理顺序图""教师辅导答疑顺序图"。

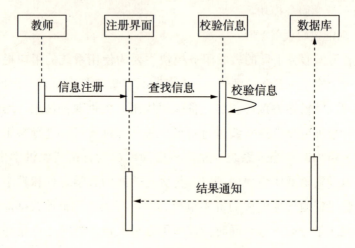

图 5-18 教师注册顺序图

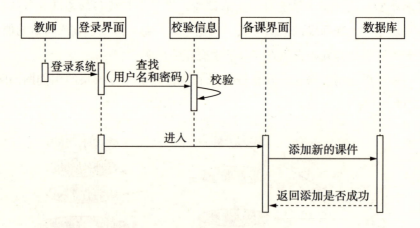

图 5-19 教师添加课件顺序图

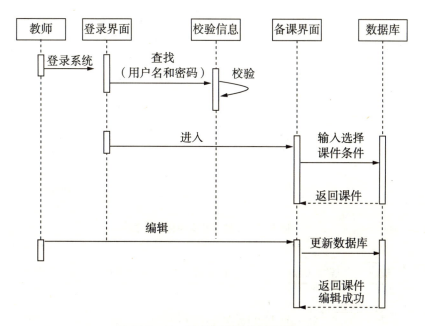

图 5 – 20　教师编辑课件顺序图

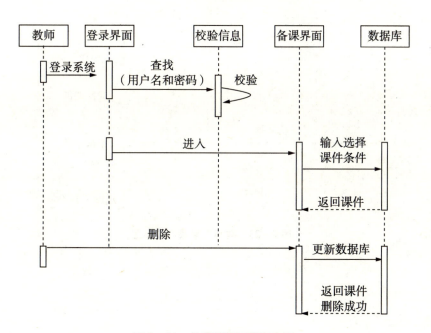

图 5 – 21　教师删除课件顺序图

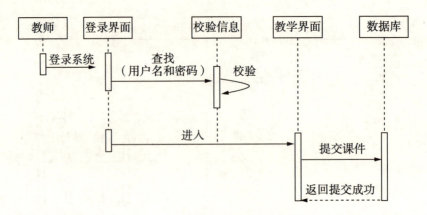

图 5-22 教师提交课件顺序图

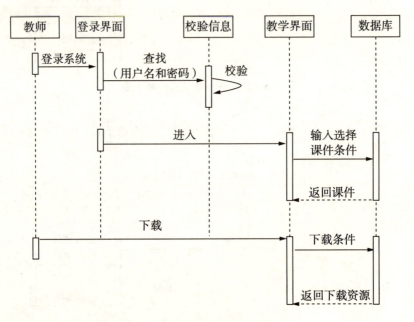

图 5-23 教师下载课件顺序图

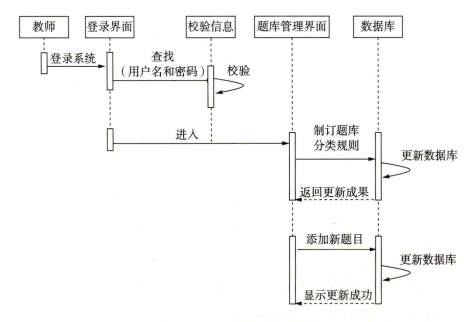

图 5 - 24　教师题库管理顺序图

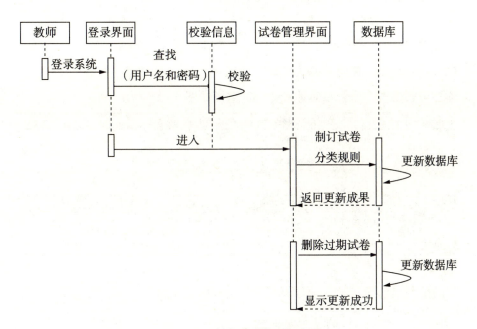

图 5 - 25　教师考试管理顺序图

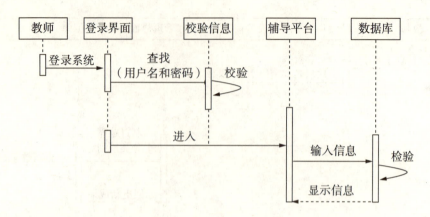

图 5 – 26　教师辅导顺序图

② 概念模型设计。

教学服务模块的功能主要是教师备课（包括课件的增加、删除、修改等动作）、教师教学（包括对课件的提交、删除、下载等动作）、教师管理题库、教师管理试卷，故可以将动作发起者"教师"与动作的接受者"课件""试卷""试题"实体进行抽象，抽象为领域类。而课件的管理（包括增加、删除、修改）、试卷的管理（增加、删除、修改）、试题的管理（增加、删除、修改）动作可以抽象出"教学服务接口"和"教学服务实现类"来提供具体服务。其类图如图 5 – 27 所示。

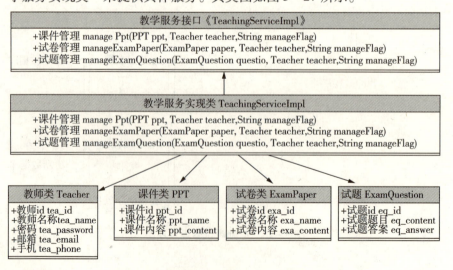

图 5 – 27　教学服务模块的类图

对类的设计具体描述如下。

A. "教学服务接口"作为边界类，为用户提供了课件管理、试卷管理和试题管理几个功能接口。该类中的三个相应操作没有实际的操作过程，而是通过调用"教学服务实现类"中的对应函数实现。

B. "教学服务实现类"通过调用实体类和数据库信息来完成提供给用户的三个功能。其中"课件"功能与课件和教师相关。需要根据 PPT 和教师信息读取数据库，并根据管理需求（增、删、改等操作）来对目标课件进行相应管理。"试卷管理"和"试题管理""课件管理"的区别仅在于将 PPT 信息更改为试卷信息或试题信息。这些功能需要创建相关实体类的实例来实现。

C. "教师类"记录了教师的主要信息，包含教师 id、教师名称、密码、邮箱和手机。"课件类"记录了课件 id、课件名称、课件内容。"试卷类"记录了试卷 id、试卷名称和试卷内容。"试题"包含了试题 id、试题题目和试题答案。

（3）教研服务模块。

① 功能逻辑设计。

教育资源服务平台的教研服务模块主要为用户提供教研活动服务。这个模块主要向教师与教研人员开放，包括教师、教研人员的注册登录研修社区、在线听评课、专题研讨、专家报告等功能。注册登录研修社区模块用于提供用户注册功能，用户填写相应的注册信息并选择注册的用户类型，经过系统管理员验证后即可成为合法用户。用户在登录模块中输入用户信息和密码，登录模块根据这些信息判断是否是合法用户，并根据合法用户的信息来显示相应的界面内容。在线听评课主要为教师提供了互相学习、互相评价的功能。专题研讨模块为教研人员（包括教师）提供了一个学术交流的平台。专家报告模块主要为教研人员提供了领域专家公开学术成果的学习与共享功能。

根据以上功能需求，教育资源服务平台教学服务模块的用例图如图 5-28 所示。

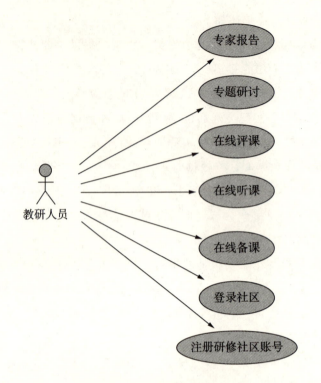

图 5 – 28　教研服务模块的用例图

根据用例图设计出教研服务各业务功能的顺序图，包括"注册研修社区顺序图""在线听课顺序图""在线评课顺序图""专题研讨顺序图""专家报告顺序图"。

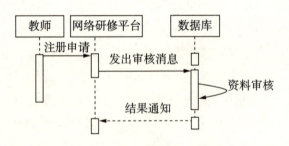

图 5 – 29　注册研修社区顺序图

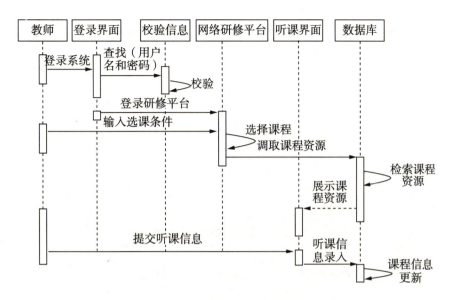

图 5 – 30　在线听课顺序图

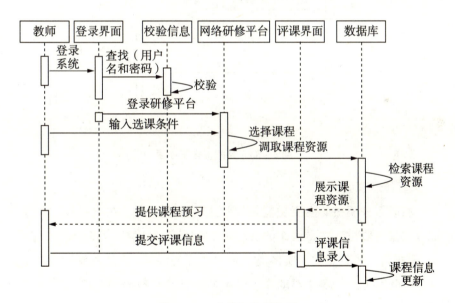

图 5 – 31　在线评课顺序图

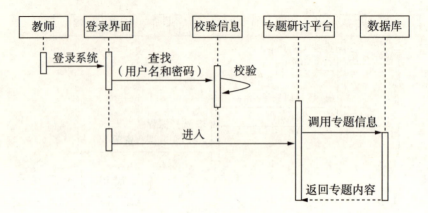

图 5 – 32   专题研讨顺序图

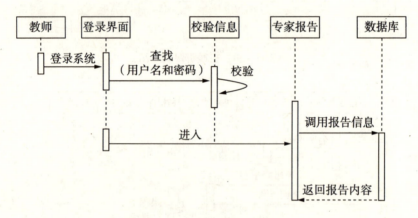

图 5 – 33   专家报告顺序图

② 概念模型设计。

教研服务模块的主要功能是教师进行在线备课、在线听课、在线评课以及报告研讨，主要动作的发起者"教师"和动作的接受者"课程""专家报告"可以抽象成实体类，而"在线备课""在线听课""在线评课""报告研讨"等主要动作可以由抽象出的"教研服务接口"和"教研服务实现类"提供服务。其类图如图 5 – 34 所示。

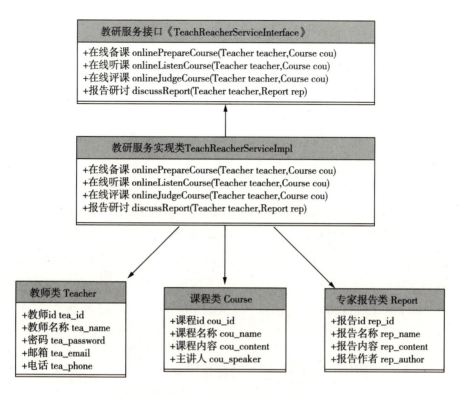

图 5 - 34　教研服务模块的类图

对类的设计具体描述如下。

A. "教研服务接口"作为边界类，为用户提供了在线备课、在线听课、在线评课和报告研讨几个功能接口。该类中的四个相应操作没有实际的操作过程，而是通过调用"教研服务实现类"中的对应函数实现。

B. "教研服务实现类"通过调用三个实体类和数据库信息来完成四个功能。其中"在线备课""在线听课"和"在线评课"功能需要创建"教师类"和"课程类"实例，并读取数据中的相应信息。"报告研讨"则涉及教师信息和报告信息。

C. "教师类"记录了教师的相关信息，包括教师 id、教师名称、密码、邮箱和电话。"课程类"记录了课程 id、课程名称、课程内容和主讲人。"专家报告类"记录了报告 id、报告名称、报告内容和报告作者。

（4）管理服务模块。

① 功能逻辑设计。

教育资源服务平台的管理服务模块主要为系统管理员提供用户管理、课程资源管理、课程评价信息管理的服务。用户管理主要是系统管理员对平台用户信息进行管理和维护，包括初始化用户权限，对用户信息查看、修复和授权，添加、删除和修改用户信息等功能。课程资源管理是基于云服务的教育资源平台的核心功能模块，教师以及系统管理员都需要在资源管理模块完成主要的功能操作。由于用户权限不同，可以进行的操作也各不相同。课程资源管理模块的核心功能有以下方面：审核资源、资源分类、删除资源、评审资源、管理操作日志、资源提供者维护、资源统计等。课程评价信息管理主要包括对评价信息的录入、修改、删除以及根据评价意见对课程合格与否的判定等。

根据以上功能需求，管理服务模块的用例图如图 5-35 所示。

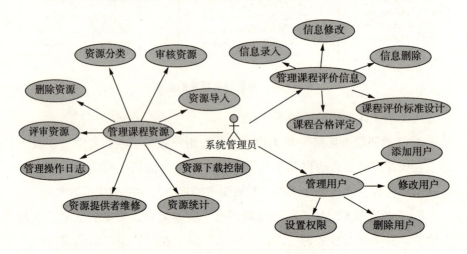

图 5-35 管理服务模块的用例图

根据用例图设计出课程资源管理顺序图，如图 5-36 所示。

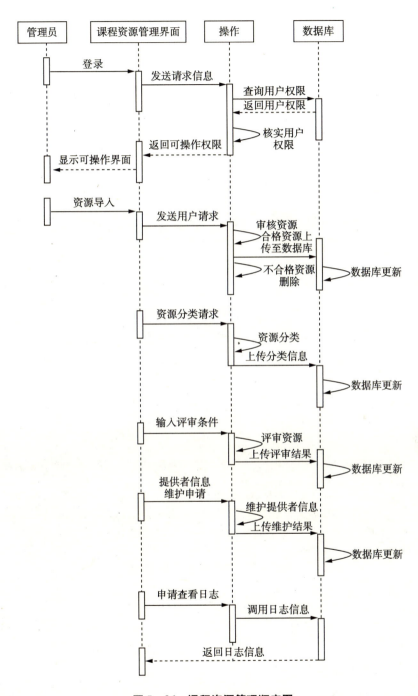

图 5 - 36 课程资源管理顺序图

② 概念模型设计。

管理服务的主要功能是"管理员"进行"资源"的管理（包括增加、删除、修改）、"管理员"进行"资源"导入、"管理员"进行"资源"审核、"管理员"进行"用户"的管理（包括增加、删除、修改）、"管理员"进行"评价信息"的管理（包括增加、删除、修改），其中"管理员""资源""评价信息""用户"可抽象为实体类，主要动作"资源管理""用户管理""评价管理"可由抽象出的"管理服务接口"和"管理服务实现类"提供服务。其类图如图 5 – 37 所示。

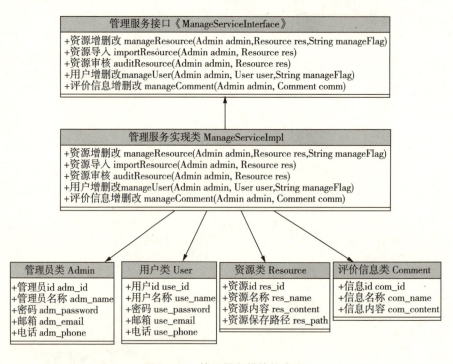

图 5 – 37　管理服务模块的类图

对类的设计具体描述如下。

A. "管理服务接口"作为边界类，为用户提供的操作有资源增/删/改、资源导入、资源审核、用户增/删/改和评价信息增/删/改。该类通过调用"管理服务实现类"中的对应函数实现。

B. "管理服务实现类"通过调用实体类和数据库信息来完成相应功能。其中"资源增/删/改"需要创建"管理员类""资源类"的实例，并获取数据库中的相应信息，然后根据操作需求（增/删/改等操作）来实现该功能。"资源导入""资源审核"即查看资源，将不合格的资源删除。"用户增/删/改"和"评价信息增/删/改"则是对用户信息进行相应操作。

C. "管理员类"记录了管理员的相关信息，包括管理员 id、管理员名称、密码、邮箱和电话。"用户类"记录了用户 id、用户名称、密码、邮箱和电话。"资源类"和上文中的一样。"评价信息类"记录了信息 id、信息名称和信息内容。"管理服务实现类"需要调用这些实体类来实现相关功能。

（5）拓展服务模块。

① 功能逻辑设计。

教育资源服务平台的拓展服务模块主要为管理员提供用户审核、博客删除、公共服务更新等服务，为家长提供博客注册、博客使用、平台交流、公共服务使用等服务。用户审核主要是管理员对注册用户信息进行审核。博客删除是管理员对不合格的博客进行删除。公共服务更新是管理员对有升级或变化的公共服务进行更新。博客注册是家长进行博客空间的注册。博客使用是家长编写、发表博客。平台交流是家长进行信息编写、发送以进行交流。公共服务使用是家长使用系统提供的公共服务。具体功能用例图如图 5 – 38 所示。

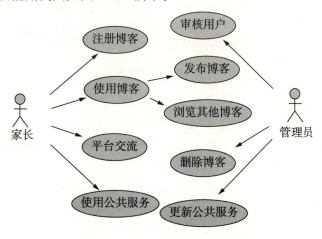

图 5 – 38　拓展服务模块的用例图

根据用例图设计出"家长注册顺序图""家长发表博客顺序图""家长浏览博客顺序图""家长删除博客顺序图""登录互动平台顺序图""提供公共服务顺序图""管理公共服务平台顺序图"。

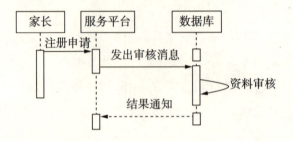

图5-39　家长注册顺序图

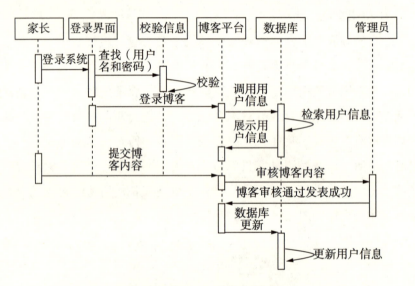

图5-40　家长发表博客顺序图

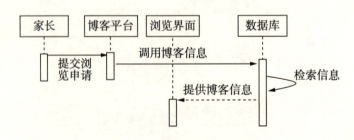

图5-41　家长浏览博客顺序图

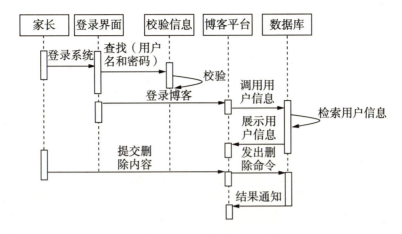

图 5 - 42　家长删除博客顺序图

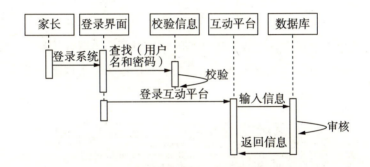

图 5 - 43　登录互动平台顺序图

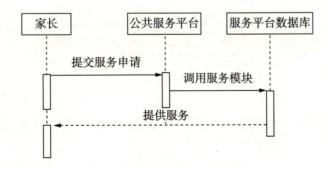

图 5 - 44　提供公共服务顺序图

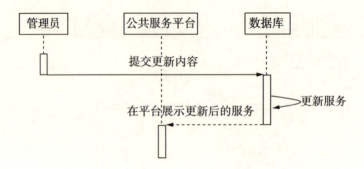

图 5 - 45   管理公共服务平台顺序图

② 概念模型设计。

拓展服务模块的主要功能是"家长"进行"博客空间"的注册、"家长"进行"博客文章"的管理（包括增加、删除、修改）、"管理员"进行"用户信息"审核，其中"管理员""家长""博客空间""博客文章"可抽象为实体类，主要动作"博客空间注册""博客管理""用户审核"可由抽象出的"拓展服务接口"和"拓展服务实现类"提供服务。其类图如图 5 - 46 所示。

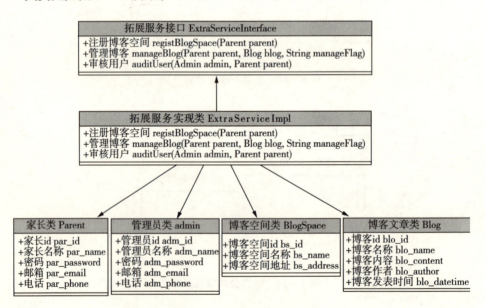

图 5 - 46   拓展服务模块的类图

对类的设计具体描述如下。

A. "拓展服务接口"作为边界类，为用户提供的操作有注册博客空间、管理博客和审核用户。该类通过调用"拓展服务实现类"中的对应函数实现。

B. "拓展服务实现类"通过调用实体类和数据库信息来完成相应功能。其中"注册博客空间"需要创建"家长类"的实例，若该用户未注册，则将注册信息写入数据库中。"管理博客"允许已注册的家长对自己的博客进行增、删、改、查等操作。"审核用户"允许管理员查看家长信息。

C. "家长类"记录了家长id、家长名称、密码、邮箱和电话。"管理员类"和上文中的一样。"博客空间类"记录了博客空间id、博客空间名称和博客空间地址。"博客文章类"记录了博客id、博客名称、博客内容、博客作者和博客发表时间。"拓展服务实现类"需要调用这些实体类来实现相关功能。

第六章
北京市基础教育信息资源服务体系的安全保障

随着网络技术的发展，电子商务与办公自动化等各类信息系统得以深入应用，网络信息安全方面的攻击日益增多，各级政府、军事、科研、教育、商业机构内部大量敏感数据丢失，毫不夸张地说，只要存在网络，信息安全问题就不可避免，因而网络信息安全作为一个新兴的课题日益受到重视。

基础教育信息网络正发挥着越来越重要的作用，它不仅是教育的重要基础设施，而且承担着教学、科研、管理与对外交流等角色。随着基础教育信息网络用户的增多，网络信息安全威胁已经成为其管理中面临的重要问题，怎样在现有的条件下维护基础教育信息网络信息的安全，确保系统安全、稳定、高效运转是当前需要解决的重要课题。

基础教育信息网络受到攻击的原因主要有两方面，一方面是设备陈旧而无法满足基础教育信息网络的发展需求，另一方面是网络安全技术不够先进以及安全措施管理存在漏洞。下面对网络安全技术进行详细讨论。

一、加强基础教育网络安全管理的必要性

网络信息安全一般包括网络安全与信息安全两个层面。网络安全是

指硬件、操作系统、软件等的运行安全。信息安全则是指数据方面的安全，包括数据加密、解密与备份等。信息安全管理指通过法律等手段来保障信息的机密性、完整性与可用性，一般包括制定信息安全政策、对员工进行安全培训等工作。

加强基础教育信息网络安全管理建设，首先关系学校的整体形象。随着教育信息网在学校的普及，其安全性关系学校的形象与发展。其次关系学校的整体利益。学校工作越来越依赖网络，网络安全方面出现问题就会造成信息丢失或非法修改，给学校带来不必要的损失。

二、基础教育信息网络安全防护

（一）基础教育信息网络安全技术的层次结构

基础教育信息网络安全防范体系包括物理层安全、网络层安全、应用层安全、系统层安全与管理层安全。

1. 物理层安全。

通信线路、设备与机房方面的安全，例如通信线路可靠性、设备安全性、备份能力与防灾害能力等。

2. 网络层安全。

网络方面的安全性，包括身份认证、资源访问控制、数据保密性与数据完整性等。

3. 应用层安全。

为用户提供的软件或服务方面的安全，包括网页服务与电子邮件等，一般采用日志审计与垃圾邮件过滤及技术，通过高强度或不可逆认证协议进行用户身份认证。

4. 系统层安全。

操作系统方面的安全。

5. 管理层安全。

部门与人员组织以及设备的管理制度方面的安全。

（二）基础教育信息网络安全防护方法

1. 基于主动防御的边界安全控制。

通过部署防火墙与防病毒等软件产品保护企业局域网，建立多级的安全边界与资源访问策略。

2. 基于攻击检测的联动控制。

由于攻击者的网络行为与普通用户有很大差别，因此可以通过安全设备与网络设备的联动对网络行为进行有效控制，从而防止攻击的发生。

3. 基于源头控制的统一接入管理。

通过部署桌面安全代理对接入用户的有效认证可以大大降低基础教育信息网络所面临的安全威胁，实现安全控制。

4. 基于资产保护的闭环策略管理。

通过制定信息安全管理制度以及安全监控审计等产品，实现技术支撑管理。

（三）基础教育信息网络安全体系结构

基础教育信息网络安全体系结构如图 6 - 1 所示。

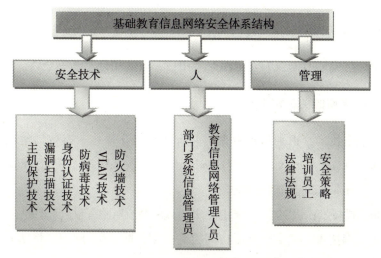

图 6 - 1　基础教育信息网络安全体系结构

三、基础教育信息网络中的防火墙技术

1. 防火墙的含义。

防火墙是一种信息安全防护系统，限制未经授权的出入访问，根据安全策略控制出入网络的信息，是信息安全的基础设施。在逻辑上，防火墙是一个分离器。

2. 网络引入防火墙的原因。

北京教育信息局域网如果暴露给外网，就容易受到来自外网的探测与攻击，而防火墙则可以在很大程度上加强局域网的安全。

3. 防火墙的构建位置。

防火墙通常设在路由器等设备上，根据安全策略控制网络数据包的出入。

4. 防火墙的工作日志。

防火墙的工作日志记录与统计网络的使用情况。

5. 设计防火墙时需考虑的两个因素。

设计防火墙时需兼顾安全性与实用性，以实用性平衡安全性。

6. 防火墙的关键技术。

防攻击技术：识别攻击数据，并有效地阻止攻击，有效地解决 SYN Flooding、Land Attack、UDP Flooding、Fraggle Attack、Ping Flooding、Smurf、Unreachable Host 等攻击。

防扫描技术：识别黑客的扫描，并有效阻断或欺骗有攻击意图的扫描者。

防欺骗技术：提供链路层访问控制机制，防止 IP 欺骗，将防火墙的访问控制扩展到 OSI 的第二层。

入侵防御技术：为了解决准许放行包的安全性问题，对准许放行的数据进行入侵检测，并提供入侵防御保护。

四、基础教育信息网络中的 VLAN 技术

VLAN（虚拟局域网）技术是一种从逻辑上将局域网划分成不同网段来实现虚拟网络的数据交换技术，它有自己独特的优势，主要表现在以下几个方面。

1. 控制网络广播风暴。

通过将网络划分为多个虚拟网络可防止广播风暴波及整个网络。由于 VLAN 技术可以将某个交换端口赋予某一个在一个交换网中或跨接多个交换机的虚拟组，本组内的广播数据不能发给其他组，而且也不会收到其他组产生的广播数据，这样就可以实现将广播数据控制在本虚拟网络内。

2. 增强网络安全性。

不同虚拟网内的报文在传输时是相互隔离的，不同虚拟网之间的通信需通过路由器，这样就降低了报文被监听的可能性。

3. 简化网络管理与维护。

通过 VLAN 技术可以将教育网划分为不同用途的虚拟网，不仅对于项目管理来说十分方便，而且也很容易升级网络服务。

4. 降低网络管理成本。

VLAN 技术通过划分子网控制数据广播，提高了网络效率，降低了维护成本。

五、基础教育信息网络中的防病毒技术

计算机病毒是指在计算机程序中插入的破坏计算机功能或者破坏数据，影响计算机使用并且能够自我复制的一组指令或者程序。遭到病毒破坏的网络要进行恢复并非易事，因此采用高效的网络防病毒技术非常重要，主要包括以下方法。

1. 文件审计方式。

通过访问权限与属性审计控制，分配不同的访问权限。

2. 硬件方式。

不同于软件方式，该方式将防病毒功能集成在一个芯片硬件上，安全性非常高。

3. 网络方式。

该方式将防病毒功能部署在服务端，客户端计算机不需要安装软件，用户通过网络授权使用。

六、基础教育信息网络中的安全可信技术

依据国家标准 GB/T 25070 – 2010《信息安全技术 信息系统等级保护安全设计技术要求》，本书提出基于"一个中心支持下的三重保障体系结构"，以可信计算为基础，建立北京市基础教育信息资源服务体系安全可信机制，从而构建安全计算环境、安全区域边界、安全通信网络和安全管理中心，确保云计算平台在管理中心的统一管控下运行，防止用户的非授权访问和越权访问。通过对云计算平台用户进行身份认证和对系统行为的访问控制、安全审计，实现安全管理员、系统管理员、安全审计员相互协调、相互制约的三权分立的管理机制，保证平台的运行环境始终符合预期、安全运行。

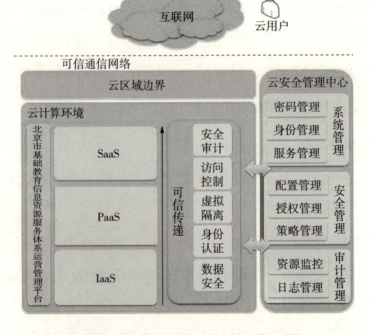

图 6 – 2　符合等级保护要求的可信云体系结构

云平台由用户网络接入、访问应用边界、计算环境和管理平台组成，

形成了虚拟应用、虚拟计算节点以及虚拟（逻辑）计算环境，由此构建以可信计算为核心的安全主体结构，保障北京市基础教育信息资源服务体系云平台的安全。

本部分的研究重点及实现难点主要在于：① 对计算环境实施保护强度符合 GB/T 25070 - 2010《信息安全技术 信息系统等级保护安全设计技术要求》三级标准的云安全体系架构设计计算环境安全保护技术；② 支持超大规模、动态的云信息系统的安全管理中心开发。通过对云平台的重点应用及重点数据实施基于可信计算的安全保障机制，支持强制访问控制和应用安全隔离，能够抵抗来自内部的攻击，满足 GB/T 25070 - 2010《信息安全技术 信息系统等级保护安全设计技术要求》中的三级要求。具体分析如下。

表 6 - 1 信息系统等级保护安全设计技术要求

安全标准	标准要求	实现方法和原理
用户身份鉴别	应支持用户标识和用户鉴别。当用户注册到系统时，采用用户名和用户标识符标识用户身份，并确保系统整个生存周期内用户标识的唯一性。	以硬件 USB-key 作为用户身份的唯一标识，当用户登录系统时需要插入授权的 USB-key，输入正确的 USB-key 口令和操作系统口令才能登录操作系统，从而完成对用户身份的双因子身份鉴别。
标记和强制访问控制	在对安全管理员进行身份鉴别和权限控制的基础上，应由安全管理员通过特定操作界面对主、客体进行安全标记；应按安全标记和强制访问控制规则，对确定主体访问客体的操作进行控制。	可以通过特定的界面为信息系统中的重要主体、客体配置敏感标记，并以此标识作为强制访问控制的基础，通过统一的强制访问控制策略控制主体对客体的访问权限。主体控制粒度为用户、进程；客体控制粒度为文件、目录等。访问权限包括：读、写、拒绝访问。

续表

安全标准	标准要求	实现方法和原理
系统安全审计	应记录系统的相关安全事件。审计记录包括安全事件的主体、客体、时间、类型和结果等内容。	通过双因子身份认证、基于安全标识的强制访问控制机制，能够追踪主体对客体发起的访问行为。审计信息包括：事件发生的时间、事件主体、事件客体、事件类型、处理结果等。
用户数据完整性保护	应采用密码等技术支持的完整性校验机制，检验存储和处理的用户数据的完整性。	通过文件自主和文件强制访问控制，确保只有经过授权的主体才能够对客体进行访问，并对文件访问权限进行控制，保护用户的重要数据不被非法篡改。
用户数据保密性保护	采用密码等技术支持的保密性保护机制，对在安全计算环境中存储和处理的用户数据进行保密性保护。	在用户进行数据存储时进行透明加解密保护，确保重要业务数据的保密性不会被破坏。
程序可信执行保护	可构建从操作系统到上层应用的信任链，以实现系统运行过程中可执行程序的完整性检验，防范恶意代码等攻击，并在检测到其完整性受到破坏时采取措施恢复，例如采用可信计算等技术。	结合可信计算技术，通过特有的白名单主动防御机制，对可执行程序进行可信度量，只有授权的可执行程序才允许运行。一旦检测到可执行程序被恶意篡改，系统将拒绝其运行，从而实现对已知或未知病毒、木马等恶意代码的主动防御，有效防范恶意代码的攻击。

（1）北京市基础教育信息资源服务体系云平台安全体系结构设计。

在云平台中，计算环境由大量的服务器节点组成，现有的可信计算技术与等级保护技术很难直接实施。其主要问题在于可信链技术在物理服务器与 PaaS 层虚拟计算环境间的衔接以及主客体标记在物理服务器与虚拟计算环境之间的传递两方面。对此，需要通过对云计算实现架构的研究提出符合等级保护要求的云平台安全体系结构。

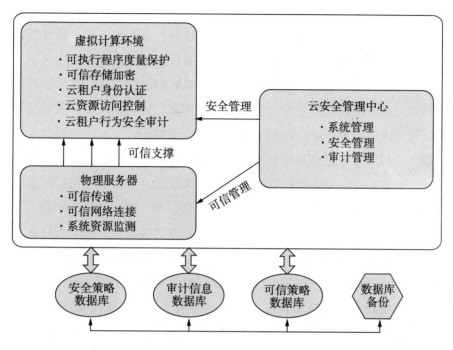

图 6 – 3　云平台安全体系结构

（2）北京市基础教育信息资源服务体系计算环境安全保护技术。

北京市基础教育信息资源服务体系计算环境由大量的服务器节点组成，它是被保护的主体。超大规模、动态的云信息系统的安全监控、安全策略配置等对安全管理中心的处理能力及并发支持能力提出了很高的要求。相关技术主要从可信链构建、安全审计、访问控制、身份认证、数据安全几个方面对计算环境安全进行保护。

在可信链构建方面，通过建立物理服务器和虚拟计算环境之间的可信链，保障云计算环境的运行符合预期，防止恶意用户越权访问或非法占用云资源。具体实现中，可信链传递分为物理服务器和虚拟环境两部分。物理服务器利用可信计算技术，通过对物理服务器系统平台组件进行完整性度量，建立信任链，确保物理服务器计算平台的完整性，并为虚拟计算环境提供可信保障。虚拟计算环境初始状态的可信性由物理服务器的可信度量功能保障。虚拟计算环境中，在用户发布应用时对应用进行度量记录，并在应用运行过程中对其进行可信度量，以保证应用运行的可信性。

在安全审计方面，提供统一安全管理平台管理下的计算环境程序执行完整性度量审计、用户登录审计、用户访问控制数据审计。系统资源审计功能通过统一安全管理平台对服务器运行状态信息进行集中采集和监测。通过监测功能服务器管理员可以直观地了解服务器和各虚拟计算环境的运维情况。监测范围包括：CPU 使用率、内存使用率、磁盘使用率、进程占用资源、交换分区、网络流量等。安全运行审计功能对系统中服务及应用进行完整性验证，并记录系统更新维护信息，从而实现对内部系统维护人员及外部行业用户远程运维管理人员非法占用系统资源或访问用户数据的行为进行监控的目的。安全审计需要对系统中的人员及其行为进行全面合理的记录，并合理地存储这些记录，以供管理人员及时发现系统隐患和追究责任。系统审计代理模块负责汇总审计信息，记录主体访问行为，并按云环境的要求记录策略变更情况、软件安装行为、系统更新行为和系统资源使用的统计情况，并根据需要进行过滤、合并、集成，会聚到云计算节点安全管理子系统中。

在访问控制方面，提供对包括管理员用户在内的所有内部用户行为的控制，可以有效防止非授权用户访问和授权用户越权访问，确保云环境内数据的机密性和完整性安全，从而为云应用服务的正常运行和免遭恶意破坏提供支撑和保障。对云服务资源的访问需要按照一定的访问控制策略来实施，通过云资源访问控制可有效防止 CSP 对用户虚拟计算环境的重要资源进行非授权访问。强制/自主访问控制机制在主体对客体提出访问请求时按控制/自主访问策略判断该要求的合法性，并按审计策略进行审计。云服务资源的访问控制实现流程如图 6-4 所示。

用户远程运维管理人员的操作行为同样需要进行有效控制，其以何种方式访问云环境资源的行为需要依据云安全管理中心制订的安全策略库实施强制访问控制，从而阻断个别管理人员恶意操作导致不良事件的发生。

在身份认证方面，提供的身份认证机制能够对登录虚拟计算环境的用户身份进行多因子身份鉴别，防止因密码遗失等意外情况导致的信息泄漏。

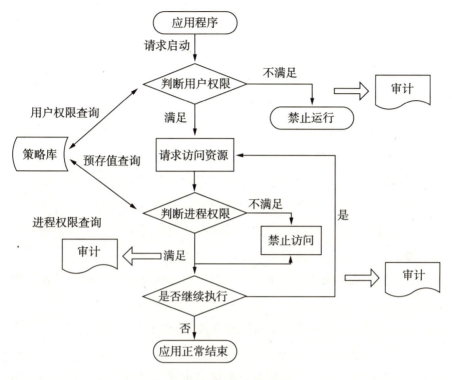

图6-4　访问控制实施流程

　　在数据安全方面，需要实现等级保护标准要求的客体重用功能，实现方式有以下两种。一种是在物理服务器上，对释放的数据空间进行粉碎操作，防止被人恶意恢复。另一种是针对云用户进行数据加密，在此情况下，即使该数据被人非法窃取，对他们来说也只是乱码，而无法知道具体的信息内容。从而在实现客体重用功能的同时，防止恶意的云管理人员窃取用户数据。

　　以上机制能够保护北京市基础教育信息资源服务体系云计算中心计算环境安全可信，为系统用户提供安全可靠的服务。

　　（3）北京市基础教育信息资源服务体系云平台区域边界、通信网络安全保护。

　　云区域边界即云计算环境的区域边界以及云计算环境与云通信网络之间实现连接并实施安全策略的物理网络边界。云区域边界的安全策略由云安全管理中心统一制订下发。

云区域边界应采用各种安全技术来保障云计算中心内部的信息不被外部用户或网络非法访问，确保云计算中心资源的保密性、完整性和可用性。

云区域边界应能实现带宽分配、协议过滤、流量控制、完整性保护、非法接入、入侵防范、安全审计等安全功能。

云通信网络即云用户与云计算环境之间进行信息传输及实施安全策略的相关部件。云通信网络的安全策略由云安全管理中心统一制订下发。

云通信网络是云计算中心与云用户以及其他云计算中心进行信息传输的部件集合。云通信网络应采用各种安全技术对通信网络进行安全审计、保障通信数据传输的完整性、保密性，网络接入的可信性，确保与云计算中心进行信息传输的安全性。

云通信网络应能实现安全审计、数据传输的完整性及保密性保护等功能。

（4）北京市基础教育信息资源服务体系云平台安全管理中心。

由于云计算的特性，PaaS 层的每次读写操作均会分散到不同物理服务器进行，造成访问控制的检查点数量和审计信息的数据量达到一个极高的数量级，为了兼顾系统的安全稳定和处理能力，需要研发性能更高的、在复杂分布式环境下的数据传输协议和审计信息过滤压缩算法。

云安全管理是云平台系统在运行过程中达到安全目标的基本保证。然而，目前的云平台系统管理员拥有最高权限，不符合安全最小权限的基本原则，给北京市基础教育信息资源服务体系带来了安全隐患。一旦管理员的行为不可信，或者其在进行系统配置或制订安全策略时存在失误，就很容易形成安全漏洞，从而被人利用，引发信息安全事故。因此不仅需要限制管理员的权限，赋予其完成任务的最小特权，而且要建立相应的监督和制约机制，确保系统中没有不受制约的超级用户，从而减小信息安全事故发生的概率。基于上述现状，根据最小特权和职责分离的原则，建立基于三权分立的安全管理体系具有重要意义。

基于三权分立的云安全管理中心由系统管理子系统、安全管理子系统和安全审计子系统构建而成，通过合理分配各子系统中对应角色管理员的权限，并在各子系统中对应角色管理员之间形成权限相互制约关系，确保其各司其职、相互制约，有效防范由于权限过于集中形成的系统安全短板，有效避免管理员权限过大的问题，实现多层次的、全程一致的安全防护管理。根据系统安全运行的实际需要，系统管理子系统负责实现用户身份管理和应用资源可信；安全管理子系统负责系统安全策略和分布式安全机制的统一管理与配置授权；审计管理子系统负责分布在系统各个组成部分的安全审计策略和审计日志的集中管理，负责追踪和应急处理。系统管理子系统、安全管理子系统行为应由审计管理子系统进行审计，而审计信息只能由审计管理子系统按照安全策略进行处理。通过在三个管理子系统制订安全策略，强制计算环境、区域边界、通信网络执行安全策略，构建在安全管理中心支撑下的可信计算环境、可信边界、可信通信网络。

对于大型的、海量数据吞吐的云计算平台，管理中心将计算环境的安全策略冗余存放在分布式数据库中，通过采用分布式并发数据处理技术，可以同时向众多虚拟计算节点提供高性能的策略实时更新和策略同步，并保证策略传输的高效性和准确性，充分发挥安全管理中心在云计算环境中对动态的计算环境的可管可控。

第七章
立足现在，展望未来

一、主要研究成果

本书在分析基础教育信息资源服务体系发展现状的基础上，以北京市基础教育资源应用与服务平台为例，全面研究了信息资源的组织模式、教育信息资源的个性化检索模式、分布式的服务提供以及信息安全保障方法，取得了以下研究成果：

1. 设计并建立了北京市基础教育信息资源知识体系和服务体系理论模型。

（1）建立基于知识基元分类模型的基础教育信息资源知识体系，理论上具有较好的可行性，实践上能够满足基础教育信息化的需求。

（2）建立基于本体的基础信息资源组织和表达模型，符合基础教育资源的业务适应性择用规律，有利于实现知识的系统性、层次性和衍生性。

2. 规划并构建了北京市基础教育信息资源共享服务平台。

（1）基于云端计算的结构和网络体系布局方案，符合基础教育信息资源地域分布分散、逻辑关系紧密相关的特性，有利于提高北京市基础教育信息资源共享服务水平。

（2）基于时空属性信息过滤与抽取技术和大规模文件索引技术，实现了基础教育资源海量信息的高效检索与用户呈现。

（3）建立了基础教育网络安全体系，满足北京市基础教育信息资源服务体系运行的需求。

二、措施与建议

1. 确定以教师、学生、家庭为主体的服务对象。北京市基础教育信息资源服务体系建设应以教师、学生、家庭为主体，重点分析他们的实际需求（他们需要该服务体系提供什么服务，能够在什么时间、什么地点使用服务，日常使用的频度有多大，他们平时的哪些活动可以通过数字化手段进行科学处理等），这样设计出的应用才容易被教师、学生和家长接受，从而实现面向教师、学生、家庭提供个性化的服务。

2. 建立以教育教学主管领导为核心的建设队伍，创新体制机制，建立跨部门跨地域协作的教育资源建设、应用、发展长效机制。

3. 落实绩效评估，推进信息技术下的教育资源和教育教学深度融合。

4. 探索运营模式，建立融合社会力量的教育资源生成与发展服务模式。

三、展 望

普适技术的不断发展，将进一步推动一对一数字化学习向纵深发展，其发展趋势由一对一的关系形态演变成多对一的关系，由学习资源保障演变成学习资源服务；由桌面交互模式演变成日常交互模式；由传统媒体到数字媒体，再到交互媒体；由课堂学习到 E-Learning，再到 M-Learning，最终迈向 U-Learning 学习时代。这一系列的变化将建立起以人为中心的计算环境，人们能够以自然的（语音、手势）或人性化的（兴趣、上下文关系）方式来控制学习环境或与之进行交互。这不仅仅影响着学习交互范式，而且对整个教育领域都有着深刻的影响。

因此，普适技术在教育领域的运用为未来教育发展与变革提供了新的契机，从现今的教育观、知识观、学习观、价值观到学校形态，无处不在地体现着变革的气息，而这种变革不再是局部性的，信息时代呼唤着整体性的教育变革。正如美国计算机教育专家西蒙·帕佩特在一次经济合作与发展组织（OECD）会议上对未来学校教育所倡导的那样：我们未来教育的改革不应是对一个过时的教育体系加以完善，而是需要对整个教育系统进行全面的变革。

随着移动互联网、大数据、云计算等技术的发展，人们接收与反馈信息的方式会发生巨大变化，人类的学习模式也有可能因此而改变。长远来看，教育产业必将因互联网而变革和重塑（罗洁，2014）。

我们不妨大胆地做以下畅想。

1. "授课"模式一定是未来教育的选择吗？在线教育的未来应该更多基于标准算法、系统模型、数据挖掘、知识库等为学生提供个性化、定制化学习服务。在这个过程中，对教师授课的依赖会越来越小，并被技术部分取代。

2. 教育的本质是服务？未来的学习过程将由"以教师为中心"转向"以学员为中心"，为学员提供全方位、个性化、持续的学习服务，这是教育机构的必然选择。

3. 教育的本质是社交？对于没有强制力乃至没有真实互动的视频课程，其作用仅稍强于一本高质量的教辅书。强烈的学习氛围，强制化的学习状态，真实有效的互动都是教育培训中不可或缺的关键要素。没有互动环境的培训只是一个信息传递过程。未来教育电商更靠谱的活法不是卖课，而是打造一个会聚更多优质课程的免费社区平台，在此基础上针对自制力和自学能力不强的受众提供可选择的个性化增值服务。

4. 未来还会存在"在线教育"吗？在线教育在未来将不再被提起，因为所有的教学过程都已经离不开互联网，所有的教学都将借助云计算、大数据、移动互联网等技术实现。线上与线下只是不同的教学环境和教学手段而已，传统教育培训机构若不借助互联网，则无前途可言。

5. 个性化的学习靠谱吗？在线教育通过收集大量数据，可以全面跟踪和掌握学生特点、学习行为、学习过程，进行有针对性的教学，更准确地评价学生，提高学生的学习质量和学习效率。这样才会出现真正的"因材施教"，大大提升人才的培养质量和成才率。

6. 实现"优质教育资源平等共享"的理想。由于在线教育成本很低，优质教育资源将不再局限于高等学府，将有机会传遍全国和全球的每个角落，使每个人都有机会接触，甚至可以推动我国从人力资源大国向人才强国的跨越。

7. 实现 4A（Anytime、Anywhere、Anybody、Anyway）原则。未来的教育可以做到在任何时间、在任何地点、以任何方式、从任何人那里学习，将会颠覆传统的教与学的过程与规律。

8. 教育娱乐化。如果玩网游就是一种学习，学习过程中不断挑战、不断得到即时激励，那么学习过程还会那么枯燥吗？谁说学习产品就一定要那么严肃？在线教育提供了学习趣味化的机会。

9. 在线教育实现了社会认证。多数人上大学、参加培训的一个很重要的目的就是获取相应的认证，如名校毕业证、会计师从业认证，等等。在未来的互联网教育模式中，人们自然也希望能获得相应的社会认可，与学习内容相匹配的社会认证显得十分必要。

10. 互联网解构与重构学习模式与教育体系。当前的在线教育产品，基本只做到了"互联网＋教育"，或者"互联网×教育"，未来更具颠覆性的产品应该是"互联网÷教育"，即用互联网解构传统学习模式与教育体制，并且重新制定一套新的教与学互动模式，这将改变人类几千年来"以教师为中心"的授课模式。在不远的将来，这未必不会成为事实。

参考文献

Akai Yuki, Wakao Kazuaki. 2009. Development of the strong migration mobile agent system: Agent sphere for autonomic distributed processing [C] // IEEE Pacific RIM Conference on Communications, Computers, and Signal Processing-Proceedings, 582 – 587.

Alberts C, Dorofee A. 2003. Managing information security risks: The OCTAVE approach [M]. Beijing: Tsinghua University Press.

Alexander M, Babis T. 2010. Ontology management and evolution for business intelligence [J]. International Journal of Information Management, 30 (6): 559 – 566.

Antonio J Y, Rafael B L, Dietrich R S. 2010. Ontology refinement for improved information retrieval [J]. Information Processing and Management, (46): 426 – 435.

Azadnia M. 2010. Web information retrieval systems integration using web service [C] //INC 2010 - The International Conference on Networked Computing, 123 – 128.

Balzano W. 2010. A new support for objects classification in multimedia information retrieval [C] //WEBIST 2010-Proceedings of the 6th International Conference on Web Information Systems and Technology, 226 – 233.

Benjamins V R, Dieter F, Stefan D, et al. 1999. Building ontologies for the Internet: A mid-term report [J]. International Journal of Human-Computer Studies, 51 (3): 687 – 712.

Borst W N. 1997. Construction of engineering ontologies for knowledge sharing and reuse [D]. Enschede: University of Twente.

Brandic·I, Dustdar S, Anstett T, et al. 2010. Compliant cloud computing (C3): Architecture and language support for user-driven compliance management in clouds [C] //IEEE 3rd International Conference on Cloud Computing. IEEE Computer Society, 244 – 251.

Cao Hui, Ma Jie. 2010. Marine main engine remote control system with redundancy CAN bus based on distributed processing technology [C] //ICICIP 2010-IEEE Computer Society, 638 – 640.

Cao Hui, Zhang Jundong. 2010. Simulation and control of marine complex pipe network system based on distributed processing technology [C] //ICICIP 2010-IEEE Computer Society, 50 – 53.

Davies J, Fensel D, Harmelen F V. 2003. Towards the semantic web: Ontology-driven knowledge management [M]. JohnWiley and Sons Ltd.

Ebneter D, Grivas S G. 2010. Enterprise architecture frameworks for enabling cloud computing [C]. 3rd IEEE International Conference on Cloud Computing, IEEE Computer Society.

Ekbia H R, Hara N. 2007. The quality of evidence in knowledge management research: Practitioner versus scholarly literature [J]. Journal of Information Science, 34 (1): 1 – 17.

Ellien R. 1993. Automatically constructing a dictionary for information extraction task [C] //Proceeding for the 11th National Conference on Artificial Intelligence, 811 – 816.

Fowler M R, Stipidis E. 2009. A network-centric approach to space-restricted distributed processing [J]. Microprocessors and Microsystems, 33 (5 – 6): 354 – 364.

Gashaw K. 2010. Knowledge management: An information science perspective [J]. International Journal of Information Management, 30: 416 – 424.

Glimcher, A. 2008. FREERIDE-G: Enabling distributed processing of large datasets [J]. International Symposium on High Performance Distributed

Computing, (8): 1 – 8.

Gruber T R. 1993. A translation approach to portable ontology specification [J]. Knowledge Acquisition, (5): 199 – 220.

Gupta A. 2010. Cloud computing growing interest and related concerns [C] //ICCTD 2010, IEEE Computer Society, 462 – 465.

Hofmann P, Woods D. 2010. Cloud computing: The limits of public clouds for business applications [J]. IEEE Internet Computing, 14 (6): 90 – 93.

Ian C. 2009. Quantum leaps in information retrieval [J] //Aslib Proceedings, 61.

Ilarri S, Mena E. 2006. Location-dependent queries in mobile contexts: Distributed processing using mobile agents [J]. IEEE Transactions on Mobile Computing, 5 (8): 1029 – 1043.

Isabella P, Wolfgang G. 2010. Stock power tags in information retrieval [J]. Library Hi Tech, 28 (1).

Jashapara A. 2005. The emerging discourse of knowledge management: A new dawn for information science research [J]. Journal of Information Science, 31 (2): 136 – 148.

Kristie S, Andrew M, Ronal R. 1999. Learning hidden markov model structure for information extract [C] //AAAI '99 Workshop on Machine Learning for Information Extraction, 37 – 42.

Kushmerick N. 2000. Wrapper induction: Efficiency and expressiveness [J]. Artificial Intelligence, 118: 15 – 68.

Lin Feng-Tse, Shi Teng-San. 2010. Cloud computing: The emerging computing technology [J]. ICIC Express Letters, 1 (1): 33 – 38.

Lincke S J, Holland. 2007. A network security: Focus on security, skills, and stability-frontiers in education conference-global engineering: knowledge without borders, opportunities without passports [C] //FIE '07 – 37th Annual.

Lori F, Arum S. 1984. Evolution of a distributed processing network [J]. Information & management, 7 (5): 263 – 272.

Maier R. 2007. Knowledge management systems [J]. Information and Communicate.

Mao Handong. 2007. A logic-reasoning approach to network security analysis [C] //3rd International Conference on Semantics Knowledge and Grid, 543 – 546.

Murat K. 1999. Information retrieval and the perpetual innovation economy [J], Aslib Proceedings, 51.

Na Sang-Ho, Park Jun-Young. 2010. Personal cloud computing security framework [C] //APSCC2010, IEEE Computer Society, 671 – 675.

Orzano A J, McInerney C R, Scharf D, et al. 2008. A knowledge management model: Implications for enhancing quality in health care [J]. Journal of the American Society for Information Science and Technology, 59 (3): 489 – 505.

Peter G C, Gitta K. 2008. Fusion frames and distributed processing [J]. Applied and Computational Harmonic Analysis, 25 (1): 114 – 132.

Philipp C, Uwe R, Jasmin S. 2005. Data & Knowledge Engineering, 55: 59 – 83.

Ramgovind S, Eloff M. 2010. The management of security in cloud computing [C] //ISSA 2010, IEEE Computer Society.

Rashid U. 2009. Architecture for multimedia information retrieval [C] //ITNG2009-6th International Conference on Information Technology: New Generations, 1067 – 1072.

Riloff E, Jones R. 1999. Learning dictionaries for information extraction by multi-level bootstrapping [C] //Proceedings of the 6th National Conference on Artificial Intelligence, 811 – 816.

Rowley J. 2007. The wisdom hierarchy: Representations of the DIKW hierarchy [J]. Journal of Information Science, 33 (2): 163 – 180.

Sarrafzadeh M, Martin B, Hazeri A. 2006. LIS professionals and knowledge management: Some recent perspectives [J]. Library Management, 27 (9): 621 – 635.

Soderland S. 1999. Learning information extraction rules for semi-structured and free text [J]. Machine Learning, 1 –44.

Stallings W. 2002. Cryptography and network security: Principles and practice [M]. Tsinghua University Press.

Studer R, Benjamins V R, Fensel D. 1998. Knowledge engineering: Principles and methods [J]. Data and Knowledge Engineering, 161 –197.

Styczynski Z. 2008. A network security management tool for distribution systems [C] //IEEE Power and Energy Society General Meeting: Conversion and Delivery of Electrical Energy in the 21st Century.

Sung-Shun Weng, Hsine-Jen Tsai, Shang-Chia Liu, et al. 2006. Ontology construction for information classification [J]. Expert Systems with Applications, 31: 1 –12.

Suyeon K, Euiho S, Hyunseok H. 2003. Building the knowledge map: An industrial case study [J]. Journal of Knowledge Management, 7 (2): 34 – 35.

Tang Chenghua, Yu Shunzheng. 2008. A dynamic and self-adaptive network security policy realization mechanism [C] //Network and Parallel Computing.

Tang Chenghua. 2008. Research on key technologies of network security management policy [J]. International Conference on Wireless Communications, Networking and Mobile Computing.

Tsuchiya M. 1985. Availability analysis for the design of distributed processing networks [J]. Journal of Systems and Software, 5 (3): 221 –227.

Vallina F M, Oruklu E. 2005. Dynamic reconfigurable distributed processing network with dual levels of operand granularity [J]. Midwest Symposium on Circuits and Systems.

Vassiliadis B, Fotopoulos V. 2005. On the use of distributed processing models in demanding digital signal processing applications [J]. WSEAS Transactions on Information Science and Applications, 2 (12): 2204 –2211.

Wang Jian, Zhao Yan. Providing privacy preserving in cloud computing [C] //HIS '2010, IEEE Computer Society, 2010: 472 –475.

Wang Lizhe, Von Laszewski Gregor. 2010. Cloud computing: A perspective study [J]. New Generation Computing, 8 (2): 137 – 146.

Wang Miaomiao, Cao Jiannong. 2007. Distributed processing in wireless sensor networks for structural health monitoring [J]. Lecture Notes in Computer Science, 46 (11): 103 – 112.

Whitman M E, Herbert J. 2003. Principles of information security [M]. Tsinghua University Press.

Wild R, Griggs K. 2008. A model of information technology opportunities for facilitating the practice of knowledge management [J]. VINE, 38 (4): 490 – 506.

Yan Liang, Rong Chunming. 2009. Strengthen cloud computing security with federal identity management using hierarchical identity-based cryptography [J]. Lecture Notes in Computer Science, 59 (31): 167 – 177.

Zhang Shudong. 2011. Research on domain ontology – based intelligent information retrieval system [J]. Key Engineering Materials, (46): 300 – 304.

安小米, 李松. 2012. 信息资源管理与知识管理关系研究 [J]. 情报科学, 30 (3): 373 – 376.

巴伊赞—耶茨. 2005. 现代信息检索 [M]. 王知津, 译. 北京: 机械工业出版社.

彼得 F. 德鲁克. 1988. 新型组织的出现 [J]. 哈佛商业评论, (1).

彼得 F. 德鲁克. 2004. 知识管理: 未来人力资源开发核心 [M]. 杨开峰, 等, 译. 北京: 中国人民大学出版社.

伯恩斯坦. 2002. 论教育知识的分类和架构 [M] //麦克 F. D. 扬. 知识与控制. 谢维和, 朱旭东, 译. 上海: 华东师范大学出版社.

蔡文彬. 2008. 基于知识管理的企业信息资源整合与服务研究 [D]. 杭州: 浙江大学.

曹鹏. 2010. 现代信息检索技术发展探析 [J]. 实验技术与管理, (23): 73 – 75.

曹丕铭, 蒋华斌, 徐娟. 2005. 完善内联网防病毒技术体系 [J]. 中国金融电脑, (1): 30 – 32.

曹树青. 2013. 网络教育信息资源动态发展研究 [D]. 武汉: 华中师

范大学.

陈村. 2009. 基于数字教育公共服务平台的学习模式研究 [D]. 上海：华东师范大学.

陈明选，等. 2010. 区域教育信息资源共享现状及问题分析——以无锡市中小学为例 [J]. 现代教育技术，(6)：75 - 78.

陈全，邓倩妮. 2009. 云计算及其关键技术 [J]. 计算机应用，(9)：2562 - 2566.

陈晓金，王兵. 2008. 信息检索技术研究与实践 [J]. 情报资料工作，(3)：33 - 35.

陈新添，朱秀珍，李萍. 2007. 基于知识管理的高校信息资源整合策略 [J]. 现代情报，1 (1)：80 - 82.

陈学军，黄利华. 2013. 基于云计算的义务教育学科课程资源共建共享模式 [J]. 中国电化教育，(1)：81 - 87.

邓志鸿，等. 2002. Ontology 研究综述 [J]. 北京大学学报：自然科学版，38 (5)：730 - 738.

朵珊珊. 2011. 基于本体的信息集成方法 [J]. 信息化研究，1213 - 1214.

范坤，王学东. 2012. 基础教育信息资源配置体系研究 [J]. 情报科学，30 (1)：36 - 39.

傅骞，代永兴，李娜. 2007. 教育资源区域共建策略及支持平台研究 [J]. 中国远程教育，(1)：59 - 61.

高旭东. 2012. 云环境下用户个性化信息资源服务研究 [D]. 长春：东北师范大学.

关鸿. 2011. 基于 Zope/Plone 的区域教育信息资源共享平台的设计与实现 [D]. 西安：陕西师范大学.

郝向阳，流畅. 2009. 分布式处理技术在网管系统中的应用及发展 [J]. 科技风，(14).

侯小丽. 2008. 论知识管理与信息技术 [J]. 科技情报开发与经济，(32)：78 - 79.

胡宁晖. 2011. 地市级教育资源库建设的几点探索 [J]. 中小学电

教，（3）：34 - 36.

胡秋梅. 2011. 企业知识管理理论研究述评 ［J］. 科学管理研究，2（1）：73 - 78.

胡铁生. 2011. "微课"：区域教育信息资源发展的新趋势 ［J］. 电化教育研究，（10）：61 - 65.

胡小勇，赖露媚. 区域性教育信息资源均衡发展研究：案例比较与优化策略 ［J］. 现代远程教育研究，（6）：58 - 61.

黄成云，左明章，荣先海. 2010. 基于云计算的移动学习系统设计 ［J］. 现代教育技术，（8）：102 - 105.

黄晶晶. 2011. 数字化社区教育资源服务体系的构建研究 ［D］. 南昌：南昌大学.

黄倩. 2009. 浅谈信息检索前沿发展的几个问题 ［J］. 大众文艺，（19）.

姬芳远. 2010. 基于 Web 的基础教育资源管理系统的研究与实现 ［D］. 成都：电子科技大学.

贾春燕，杨晓宏. 2005. 甘肃省教育信息资源建设初探 ［J］. 现代教育技术，（4）：13 - 16.

蒋励. 2011. 关系数据库中教育信息全文检索效率的改进研究与实现 ［D］. 天津：天津师范大学.

黎春兰，邓仲华. 2009. 论云计算的价值 ［J］. 图书与情报，（4）：42 - 46.

李凤华. 2009. 对学习型社会教育信息服务体系构建的思考 ［J］. 科学时代，（1）：34 - 35.

李贵成. 2007. 浅议知识管理与信息管理的内涵及关系 ［J］. 重庆图情研究，（2）：6 - 21.

李慧，张菊，刘莉莉. 2013. 知识管理视角下的网络教学资源库管理策略研究 ［J］. 软件导刊，12（2）：192 - 194.

李景. 2004. 基于 Ontology 智能检索系统的底层数据结构设计 ［J］. 情报学报，（3）.

李棚. 2011. 基于基础教育领域本体的智能搜索代理模型研究 ［D］.

南京：南京师范大学.

李树青. 2009. 个性化信息检索技术综述［J］. 综述与评述，（5）：107－112.

李学庆. 2008. 本体论在网络信息检索中的应用研究［D］. 沈阳：辽宁师范大学.

李艳. 2009. 城乡教育信息资源共建共享策略研究［D］. 上海：华东师范大学.

李志国. 2007. 浅析数据加密技术与方法［J］. 科技创新导报，（31）：10.

梁方明，李海洋. 2009. 网络信息安全分析与研究方向［J］. 信息技术，（5）：243.

廖军，谭浩. 2004. 新一代开放分布式处理技术——Web Services［J］. 计算机应用，（8）.

刘涤非，赵励宁. 2010. 我国教育信息资源共享模式与策略研究［J］. 情报科学，28（10）：1491－1495.

刘丽. 2012. 基于云计算理论的区域信息资源共享模式研究［J］. 现代情报，32（11）：48－50.

刘云中，林亚平，陈治平. 2004. 基于隐马尔可夫模型的文本信息抽取［J］. 系统仿真学报，16（3）：507－510.

卢皓. 2012. 云存储在教育信息资源平台建设应用研究［J］. 计算机光盘软件与应用，（21）：36－37.

罗洁. 2013. 基础教育信息资源检索结果自动分类研究［J］. 中国电化教育，（7）：127－129.

罗洁. 2014. 信息技术带动学习变革——从课堂学习到虚拟学习、移动学习再到泛在学习［J］. 中国电化教育，（1）：15－21.

明守刚. 2011. 面向区域基础教育的资源共建共享支撑平台研究［D］. 长春：东北师范大学.

彭红光. 2011. 基于区域云的教育信息资源配置初探［J］. 中国教育信息化，（16）：84－88.

邱彩华，娄云. 2013. 云计算在教育资源库建设中的应用研究［J］.

电子设计工程，21（04）：26－28.

沈昌祥. 2003. 信息安全工程导论［M］. 北京：电子工业出版社.

石晓峰. 2012. 基于知识管理理论的国家基础教育资源库利用策略［J］. 软件导刊，11（11）：197－199.

苏治中，刘竹松. 2012. 基于云计算的开放式教育信息服务平台设计［J］. 现代计算机：专业版，（27）：78－80.

孙久舒. 2011. 基于内容关联的政府网站信息服务模型研究［D］. 长春：吉林大学.

唐月娥. 2010. 云计算与教育信息资源共建共享问题探析［J］. 中国城市经济，（10）：203－204.

王康，等. 2012. 浅谈武汉教育信息移动服务平台的建设［J］. 中国教育信息化，（2）：77－79.

王麟，杨方. 2005. 网络的安全问题及其对策［J］. 中国科技信息，（24）：41－60.

王容婧. 2009. 云计算时代的教育信息资源建设［J］. 软件导刊，（08）：92－93.

王雅戈. 2007. 主题网关——创新改善网络信息资源服务模式［J］. 图书情报工作，（2）：22－25.

杨建池，张新宇，黄柯棣. 2007. 本体论在 Agent 间通信中的应用［J］. 系统仿真学报，3（6）：1199－1202.

杨万钧. 2010. 从《阿凡达》透视影音制作技术发展趋势［J］. 装备前沿.

杨文正，等. 2013. 优质教育信息资源配置机制的系统动力学仿真［J］. 中国电化教育，（2）：57－65.

翟晓玲. 2009. 面向学科的基础教育资源垂直搜索引擎的研究与实现［D］. 长春：东北师范大学.

张红宪. 2010. 基于分布式本体的信息集成与共享研究［D］. 北京：华北电力大学.

张怀南，杨成. 2013. 我国云计算教育应用的研究综述［J］. 中国远程教育，（01）：20－26.

张静然，王陆．2012．基于生态系统的教育资源公共服务体系建设研究［J］．软件导刊，（08）：55－57．

张倩．2012．教育信息垂直搜索引擎的研究［D］．长春：吉林大学．

张世怡．2012．基于 SNS 的高校图书馆信息服务模式研究［D］．天津：天津师范大学．

张欣．2012．基于云计算的数字实验平台的研究与实现［D］．镇江：江苏科技大学．

张旭华．2013．Web 2.0 技术视城下教育信息资源传播创新模式探微［J］．现代情报，（1）：51－53．

张艳萍，李霞．2012．国际教育资源建设策略及对我国教育资源建设的启示［J］．软件导刊，（08）：52－54．

张一新．2007．网络信息安全风险及需求分析［J］．水利水电技术，（5）：67－69．

张昭玉，周虹．2011．面向服务的信息化教学体系构建［J］．现代计算机，（21）：12－15．

章泽昂，邬家炜．2010．基于云计算的教育信息化平台的研究［J］．中国远程教育，（6）：66－69．

赵子云，左明章，邓果．2012．基于云计算的教育信息公共服务平台的构建［J］．现代教育技术，22（12）：103－106．

郑美芳，古辉．2009．基于 Web GIS 的教育信息服务平台的设计［J］．电脑学习，（6）：126－127．

周宁，文燕平．2002．检索结果的可视化研究［J］．中国图书馆学报，（6）．

周嗣．2007．数字化教育信息资源配置研究［D］．武汉：华中师范大学．

后　记

　　加强信息化基础设施建设，推进信息技术的教育应用，开拓信息技术教育应用的领域，创设适应不同主体需求的信息服务环境，促进教育资源整合、共享、使用，已成为推进教育信息化进一步发展的实践方向。

　　基础教育信息化蓬勃发展，基础教育信息化和教育信息资源建设取得了丰硕的成果，但也存在着很多不足——基础教育信息资源分散、凌乱，资源建设的观念与技术落后，标准化、规范化和兼容性设计不足，缺乏共建共享服务机制，缺乏科学的顶层设计和先进的信息技术支撑，重复建设现象比较突出等。因此，开展信息资源服务体系建设研究具有十分重要的意义。

　　北京市实施以信息化引领和推动教育现代化战略，通过多年的努力，基础教育信息化在基础设施建设、信息资源建设、运用信息技术提高教育教学质量和管理水平、普及信息技术教育等方面都取得了长足进步，有效地促进了优质教育资源共享，有力地推进了北京市基础教育均衡发展。

　　在现代信息技术条件下，需借助知识管理思想和本体理论，将各种载体、各种来源的教育信息资源，依据一定的规则，进行评价、类聚、排序、建库等加工，形成教育发展需要的信息体系。但如何使人们通过统一的检索平台便捷地查找和浏览相关信息资源，需要大量的技术来支撑。个性化的信息检索技术和基于云计算理念网络体系的优化是构建基础教育信息资源服务体系的技术基础。

　　本书通过问卷调查等手段分析了北京市基础教育信息资源服务体系

中存在的问题。本书针对基础教育信息资源共享中存在的问题，以基础教育信息资源服务为研究对象，以知识管理和本体理论为理论基础，将个性化检索与云计算技术结合作为技术框架展开研究。通过分析基础教育信息资源的特点及知识管理实现的关键过程和方法，建立基于知识基元分类模型的基础教育信息资源知识体系。在此基础上，建立基于本体理论的基础教育信息资源组织和表达模型。根据基础教育信息资源的海量特性与组织方法，构建基于时空属性信息过滤与抽取技术和大规模文件索引技术的基础教育信息资源检索方法，实现海量信息的高效检索与用户呈现。根据基础教育信息资源地域分布分散、逻辑关系紧密相关的特性，借鉴云计算技术思想，研究基础教育信息资源服务体系的结构、平台特点及构建方法，创新北京市基础教育信息资源服务体系建设，以提高北京市基础教育信息资源服务水平。通过分析基础教育信息资源服务体系中信息安全保障的必要性和可行性，提出信息资源服务体系的安全保障方法。

本书注重文献研究与专业领导实践相结合、定性和定量研究相结合、理论与实证研究相结合，试图在理论层面，在基础教育信息资源的高效组织、快速检索和应用方法研究上取得一定的突破，完善信息资源管理与服务理论；在实践层面，从共享信息资源的易用性与安全性原则出发，在原有的北京市基础教育信息资源共享平台基础上，创新北京市基础教育信息资源服务体系建设。

本书借鉴了国内外信息技术特别是信息资源建设问题的相关研究成果，结合自己亲身参与和领导北京市基础教育信息化建设的体验，试图更多地从实践的角度对基础教育信息资源服务体系建设问题进行破解，以揭示基础教育信息资源服务体系建设的基本原理和具体方法。所以，我首先要向那些理论成果和实践经验被本书引用和借鉴的学者表示感谢。

我要感谢我的导师宫辉力教授、王尚志教授和王万良教授对我多年的教诲，在本书写作过程中的耐心指导以及一次次高屋建瓴提出的修改意见和建议。他们高尚的师德、严谨的治学精神、精益求精的学术风格，使我终身受益。我要感谢首都师范大学的李娟教授、焦宝聪教授、樊磊教授、孙永华老师和胡凤娟老师，他们对我的研究和工作给予了很多帮助和指导。

　　我要感谢我的同事和朋友李奕、李永生、张虹波、武装、詹伟华和张健，他们的帮助和丰富的工作经验为本研究增添了许多营养，是他们给了我不同方面的帮助，使我受益匪浅。

　　我还要感谢我的妻子李真和女儿罗淙淙对我在本书写作过程中的支持和理解。正是这些老师、同事、朋友和家人的理解与支持，才使我最终完成了本书的写作！我无以为谢，谨以此为记。

2013 年 5 月

出 版 人　　所广一
责任编辑　　马明辉
版式设计　　贾艳凤
责任校对　　贾静芳
责任印制　　曲凤玲

图书在版编目（CIP）数据

北京市基础教育信息资源服务体系构建研究／罗洁
著 . —北京：教育科学出版社，2014.6
ISBN 978 - 7 - 5041 - 8467 - 2

Ⅰ.①北… Ⅱ.①罗… Ⅲ.①基础教育—教育资源—
信息资源—社会服务—建设—研究—北京市 Ⅳ.
①G639.21

中国版本图书馆 CIP 数据核字（2014）第 098440 号

北京市基础教育信息资源服务体系构建研究
BEIJINGSHI JICHU JIAOYU XINXI ZIYUAN FUWU TIXI GOUJIAN YANJIU

出版发行　　**教育科学出版社**

社　　址　　北京·朝阳区安慧北里安园甲 9 号	市场部电话　　010 - 64989009
邮　　编　　100101	编辑部电话　　010 - 64989521
传　　真　　010 - 64891796	网　　址　　http://www.esph.com.cn

经　　销　　各地新华书店
制　　作　　北京金奥都图文制作中心
印　　刷　　保定市中画美凯印刷有限公司

开　　本　　169 毫米×239 毫米　16 开	版　　次　　2014 年 6 月第 1 版
印　　张　　12.25	印　　次　　2014 年 6 月第 1 次印刷
字　　数　　181 千	定　　价　　30.00 元

如有印装质量问题，请到所购图书销售部门联系调换。